AF404848

MARIO SERMET

UN PAYS

SOUS

Les armes

AU

Monténégro

MŒURS D'ORIENT

PARIS. — A LA LIBRAIRIE ILLUSTRÉE
7, RUE DU CROISSANT, 7

AU MONTÉNÉGRO

UN PAYS

Sous les Armes

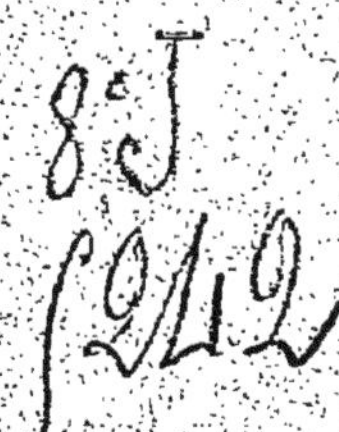

ÉMILE COLIN — IMPRIMERIE DE LAGNY

AU MONTÉNÉGRO

UN PAYS

Sous les Armes

— MŒURS D'ORIENT —

PAR

MARIO SERMET

PARIS

A LA LIBRAIRIE ILLUSTRÉE

7, RUE DU CROISSANT, 7

Tous droits réservés.

AU MONTÉNÉGRO

CHAPITRE PREMIER

L'Adriatique. — Venise. — L'arrivée. — Le Carnaval. — Le Rialto. — Les cailli. — La place Saint-Marc. — Les pigeons de Dandolo. — La basilique. — Le palais des Doges. — Le pont des soupirs. — Les plombs. — Le Lido. — Malamocco. — Murano. — La marée.

Qui connaît l'Adriatique l'aime.

Elle sait procurer des sensations si douces et si grandioses, elle laisse dans l'esprit des souvenirs si vivaces et si multiples que c'est une joie véritable de se reporter par la pensée sur ses flots capricieux que borne de toutes parts le pays du soleil.

On y essuye, en la parcourant, des tempêtes comme peu de mers en savent pro-

duire ; on y jouit aussi des calmes les plus
parfaits. Tempêtes et calmes, tout y est sé-
duisant. Aussi n'ai-je pas résisté au plaisir
de parler de l'Adriatique ou plutôt de ses
côtes que je vais tenter de décrire telles que
je les ai vues, telles que je les ai comprises.

*
* *

C'est de Venise que nous partirons, si
vous le voulez bien.

Tant de volumes ont été écrits sur la ville
des Doges que, tout d'abord, il semble té-
méraire de prétendre en parler encore, sans
répéter ce qui a été dit déjà, maintes et
maintes fois. C'est une erreur, cependant.
Venise se présente au voyageur sous tant
d'aspects variés ; ses mœurs, ses habitants,
ses monuments revêtent une forme si complexe et si inattendue qu'il est impossible

aux étrangers d'envisager à un même point de vue l'ensemble ou les détails.

Toute personne qui se rend à Venise doit s'efforcer d'y arriver le soir. L'impression qu'elle ressentira alors lui laissera un souvenir qui ne pourra s'effacer.

On connait la situation de la ville. Venise est composée d'un amas d'ilots, séparés de la terre ferme par une sorte de pont d'une longueur invraisemblable (il mesure plus de 3,600 mètres) sur lequel est établi le chemin de fer. Les trains ne mettent pas moins de dix minutes à franchir les deux cents vingt-deux arches qui supportent ce pont. Le soir, pendant ce parcours, on n'aperçoit tout autour de soi qu'une immense nappe d'eau, illuminée par le reflet blanc des étoiles. Au loin, devant soi, répétées à l'infini par la vague, on distingue les lueurs rougeâtres de la ville bâtie sur les flots.

C'est à cette heure que la vieille cité recouvre réellement sa puissante poésie du moyen âge.

Bientôt le train ralentit sa marche. « Venezia! Venezia! » glapissent les employés. Vous êtes rendu. Vous avancez sur le quai de la gare, mais vous n'avez pas fait dix pas que l'eau vous barre le passage.

*
* *

Vous êtes devant le grand Canal.

Là, stationnent une infinité de gondoles, tout à la fois les fiacres et les omnibus des vénitiens.

Qu'on soit allé ou non à Venise, on connaît ces gondoles. Presque toutes, du reste, sont uniformes. Une ordonnance de police du xv\ :superscript removed siècle, encore en vigueur, exige qu'elles soient peintes en noir. Beaucoup même sont recouvertes d'un drap également noir qui leur donne l'aspect le plus funèbre.

A la proue, se trouve un fer en forme de hallebarde, plus élevé que la cabine, en sorte que l'embarcation peut s'engager sans crainte sous les ponts dont le fer n'a pas atteint la voûte.

Cette hallebarde, très pesante, sert en même temps de contrepoids au gondolier qui se tient, comme on sait, debout à la poupe.

Vous faites choix d'une gondole. On y entasse vos colis. Vous voilà embarqué. Vous êtes déjà parti, mais vous ne vous en apercevez point : la gondole glisse sans la moindre secousse...

Il faut renoncer à décrire ce parcours de la gare au centre de la ville. Les sensations en sont inénarrables. De tout mon séjour à Venise, ce sont ces vingt premières minutes de gondole qui ont laissé dans mon esprit le souvenir le plus vivace.

*
* *

La nuit est complète, l'éclairage, à Venise, brillant surtout par son absence. Pour toute lumière vous avez la lueur d'une pâle lanterne sourde, pendue à la proue de la gondole.

Dès que vous quittez le grand canal pour vous engager dans les mille petits canaux par lesquels vous allez arriver à la place Saint-Marc, la solitude est absolue. Pas un bruit. Pas une rumeur. Le calme plat. On se dirait au milieu d'une ville inondée que les habitants auraient abandonnée.

De loin en loin, un clapotement sourd. C'est le bruit d'une rame. Vous entendez, mais vous ne voyez rien. Tout à coup un cri bizarre, d'une tonalité lugubre, se fait entendre. Il est poussé par un gondolier, qui, au détour d'un canal, avertit de sa présence, pour éviter une rencontre. « Gia è ! » (Voilà) s'écrie-t-il. S'il se trouve un autre gondolier arrivant en sens inverse, il répond : « Premè » (à droite) ou « stali » (à gauche). Ces cris sont proférés avec des modulations consacrées, si étranges que l'oreille ne peut les oublier.

Les façades des palais disparaissent dans une demi-obscurité, rompue seulement de temps à autre par la faible lueur d'une veilleuse révélant la présence d'une madone accroupie dans sa niche.

Les fenêtres portent un masque de fer. Sous cette sorte d'armure, elles semblent s'observer mutuellement d'un air défiant et farouche.

Les portes, sinistres dans leurs enfoncements ténébreux, paraissent n'avoir donné accès à personne depuis des siècles. On se demande si ces escaliers, en apparence sans usage, dont les marches noirâtres se perdent dans le canal, ne communiquent pas, au fond de l'eau, avec quelque repaire fantastique...

Par moment, comme dans un rêve, on distingue une ombre, un fantôme, disparaissant subitement dans une des ruelles qui bordent les canaux.

*
* *

La gondole glisse toujours et cette poétique fantasmagorie nous poursuit partout.

Enfin, une rumeur confuse arrive à nos oreilles. Le gondolier, dans son patois, nous fait comprendre que nous approchons de la place Saint-Marc. Mais la nuit est toujours bien noire...

Quelques minutes après, cependant, l'embarcation s'arrête. Elle atterrit devant une ruelle aussi sombre que les autres. Une seule maison est éclairée. C'est l'hôtel *Alla luna* où nous nous rendons.

Sans nous préoccuper de nos bagages, sans répondre aux garçons de l'hôtel qui nous adressent une foule de questions, nous ne résistons pas au désir de nous diriger du côté du bruit.

Nous n'avions pas fait vingt pas qu'au détour de la ruelle, au sortir des ténèbres, nous débouchions tout à coup sur une place immense, illuminée par des torchères de gaz. On eut dit un décor des *Mille et une nuits*.

Au même moment — et comme si ce n'en était pas assez pour nous éblouir — éclate le rythme entraînant d'une valse hongroise.

J'étais à la place Saint-Marc.

Autant les endroits que je venais de traverser étaient sombres et déserts, autant

1.

cette place était animée, étincelante. Elle regorgeait d'une foule compacte et bariolée s'agitant dans des flots de lumière.

Je pénètre dans cette foule. Je me convaincs que ce ne sont point là des êtres fantastiques.

Ce spectacle étrange, contrastant si violemment avec tout ce que je venais de voir, me surprit à tel point que je ne me donnais même point, tout d'abord, la peine d'en rechercher la cause. Mais tout à coup le jour se fit dans mon esprit.

Sans m'en douter j'étais arrivé à Venise le lundi gras — en plein carnaval !

Au milieu de la place, éclairée *a giorno*, se dressait une vaste estrade sur laquelle un bal public avait été installé. Tous les danseurs étaient costumés — et beaucoup fort comiquement.

Il fallait voir ces braves gens se trémoussant aux accords de l'orchestre avec une conviction parfaite.

Ce qui frappe, tout d'abord, c'est l'entrain que met la population à participer à cette fête du carnaval. Petits et grands, tous y prennent part. On ne se déguise pas pour amuser les autres, mais pour s'amuser soi-même. Les pierrots et arlequins sont heureux d'être pierrots et arlequins.

On ne rencontre pas, comme à Paris, durant les jours gras, de ces déguisés dont la face lugubre contraste si singulièrement avec l'accoutrement.

Quand le carnaval sera définitivement mort chez nous — ce qui ne saurait tarder — c'est à Venise qu'il faudra l'aller rechercher, si toutefois on en éprouve le besoin.

*
* *

Je ne m'attarderai point à parler des monuments de Venise, trop connus de tous.

Ceux-mêmes à qui il n'a pas été donné de les admirer les connaissent. Ils les ont vus, il est vrai, à travers cette atmosphère de poésie dont on les a toujours entourés mais qui, loin de les dénaturer, en donne, au contraire, l'idée la plus exacte, tant la poésie fait partie intégrante de la ville tout entière.

Les îlots de Venise sont séparés par deux cents canaux environ et reliés par quatre cents ponts, presque tous en pierre. Le plus curieux est, sans contredit, le *Rialto*, long de quarante-huit mètres et formé d'une seule arche.

Il traverse le grand canal. Sa construction remonte au seizième siècle. Sa particularité, c'est d'être bordé de chaque côté d'une rangée de boutiques, comme l'était jadis le Pont-Neuf et comme l'est encore le *Ponte Vecchio*, à Florence.

Les habitations ont leurs façades sur les

canaux, mais cela ne les empêche pas de posséder aussi des issues sur la terre ferme, grâce à d'innombrables ruelles qu'on appelle *cailli*. Ces ruelles sont généralement dallées et si étroites, si tortueuses que c'est à peine si le jour et l'air y pénétrent.

Dans beaucoup, on aurait grand peine à ouvrir un parapluie.

La grande rue de Venise, Merceria, la voie commerçante par excellence, est à peine large comme une de nos petites rues de Paris. Les trottoirs y sont aussi inconnus qu'ils seraient inutiles. Pas de voitures, en effet ; pas même un chariot. Le silence qui en résulte n'est pas un des moindres sujets d'étonnement réservés au voyageur. On à peine à se figurer une ville entière ne renfermant pas un seul cheval. Les voitures de maîtres sont remplacées par des gondoles de maîtres, très luxueuses, conduites par des laquais somptueusement galonnés. C'est un spectacle curieux que de les voir arriver au théâtre de la Fenice, par exemple, un jour de gala, déposer quelque belle Vénitienne à la toilette éblouissante et aller ensuite se ranger dans un canal avoisinant pour attendre la sortie du théâtre, comme le ferait un huit-ressorts parisien.

Les *cailli* forment un labyrinthe inextricable au milieu duquel l'étranger qui voudrait visiter Venise à pied, aurait grand peine à se retrouver. J'avoue, pour ma part, m'être rendu plusieurs fois à un même endroit, situé tout au plus à cinq minutes de mon hôtel, et n'avoir jamais réussi à y arriver sans demander plusieurs fois mon chemin, et encore ai-je atteint mon but chaque fois, par des rues différentes.

Les magasins sont aussi minuscules que les rues où ils se trouvent. Beaucoup sont intéressants à examiner. On retrouve sur

certaines façades des indications singulières :
celle-ci par exemple que nous avons relevée
à la boutique d'un pharmacien :

Herba non verba

Des herbes et non pas des mots ! Parodie
assez spirituelle d'un mot souvent cité.

Et cette autre que nous avons lue à la
porte d'un barbier :
Si cava sangue (on pratique la saignée !)

Un barbier médecin ! comme cela nous
reporte loin.

*
* *

La place Saint-Marc, le centre du mouvement, est certainement sans rivale, autant par ses vastes proportions que par les
merveilles d'architecture qui l'entourent.

Elle mesure 175 mètres de long sur 82 de

large. Elle est entièrement dallée de marbre et de trachyte; tout autour, de somptueuses arcades offrant quelque analogie avec celles du Palais-Royal, au moins par le luxe des boutiques qui les occupent.

Les édifices qui bordent la place, construits tous dans un style identique, semblent ne former qu'un seul et même palais de marbre. C'est là qu'habitaient autrefois les puissants fonctionnaires de la République, les procurateurs, d'où le nom de *procuraties* donné à ces palais.

Une multitude de pigeons ont élu domicile aux abords de la place Saint-Marc, qu'ils envahissent pendant le jour. Ils sont l'objet de la vénération des Vénitiens et sont nourris aux frais de la ville. La tradition rapporte que l'amiral Dandolo, assiégeant l'île de Candie, au XIIIe siècle, reçut, par des pigeons, des dépêches importantes qui contribuèrent à la conquête de l'île. Dandolo envoya ces oiseaux à Venise en même temps que la nouvelle de la prise de Candie et ce sont, paraît-il, leurs descendants que les Vénitiens hébergent depuis des siècles ; du moins, les Vénitiens en sont persuadés, ce qui revient absolument au même.

** **

La basilique de Saint-Marc, qui sert de cathédrale seulement depuis le commencement du siècle, a été construite vers l'an mil sur le modèle de Sainte-Sophie de Constantinople.

Sa construction, qui se poursuivit très lentement, durant des siècles, semble refléter les diverses phases de l'histoire de Venise.

Nous ne chercherons pas à décrire ce sublime morceau d'architecture byzantine dont la richesse dépasse ce que peut supposer l'imagination la plus extravagante.

En aucun lieu, on ne retrouve une pareille profusion de luxe. Les mosaïques éclipsent le marbre, le bronze éclipse la mosaïque, l'or éclipse le bronze et tout est éclipsé par l'ensemble.

A côté de Saint-Marc, s'élève le palais des Doges. Cinq fois il fut détruit, cinq fois il fut reconstruit avec une magnificence toujours croissante. L'édifice actuel fut achevé en 1442.

Il est entouré de deux galeries à ogives superposées et supportées par une centaine de colonnes de marbre blanc. A la galerie supérieure, la plus riche par son architecture, on aperçoit deux colonnes de marbre rouge : elles forment la *Loggia*, du haut de laquelle la République faisait jadis proclamer ses sentences de mort.

En considérant le palais à l'extérieur, on est ébloui déjà, mais quand on y pénètre, on ne tarde pas à être accablé par la lassi-

tude de l'admiration. Sans parler du palais
lui-même, c'est partout un amoncellement
des merveilleuses toiles de l'Ecole vénitienne qui produisit le Titien, Paul Véro-
nèze, le Tintoret, les Palma, Bonifazzio,
Sébastiano del Piombo, etc., etc. On vole de
chefs-d'œuvre en chefs-d'œuvre ; on as-
pirerait à considérer un Bouguereau quelconque où l'œil pût se reposer un instant.

Un des tableaux qui attire toujours l'attention du visiteur, c'est le *Paradis* du
Tintoret, dans la salle du Grand Conseil. Il
passe pour le plus vaste tableau à l'huile du
monde entier. Il mesure 32 mètres sur dix.
Inutile d'ajouter que la toile ne se recom-
mande pas uniquement par ses proportions
excessives ; ce serait trop peu. Dans cette
même salle du Grand Conseil, se trouvent
les portraits de tous les doges, disposés par
époques. Une seule place est vide. Au-dessous, on lit :

Hic est locus Marini Falieri, decapitati pro criminibus. (C'est ici la place de Marino Faliero qui fut décapité à cause de ses crimes).

*
* *

Les fameux cachots qui rendirent jadis tant de services à certains doges — et depuis à beaucoup de romanciers, — sont séparés du palais par le célèbre Pont des Soupirs dont le seul nom évoque des souvenirs sans nombre et rappelle surtout les terrifiants récits de Casanova et de Silvio Pellico.

Ces hideux cachots, où il semble impossible que des êtres humains aient pu conserver l'existence pendant un seul jour, étaient bien faits pour exciter l'imagination des écrivains. On ne peut rêver rien de plus lugubre et de plus terrible. Aussi, comme les condamnés les redoutaient ! Cette prison-là,

c'était la mort ! Ils le savaient bien. — Les
doges aussi.

Il en était de même d'ailleurs des non
moins célèbres plombs situés sous le toit du
palais. Ils furent détruits à la fin du siècle
dernier. A la même époque, Paris détruisait
sa Bastille. Que de larmes virent couler ces
édifices maudits ! Que de tortures y furent
endurées ! C'est à bon droit que l'on peut
célébrer le jour où le peuple se débarrassa
à la fois et de ces sinistres prisons et de ceux
qui lés emplirent !

*
* *

Il y aurait de nombreuses excursions pit-
toresques à faire aux îles qui avoisinent
Venise ; mais le temps nous manquant, car
nous ne sommes qu'au début de notre
voyage, nous nous contenterons de les citer.
Le Lido, en premier lieu, doit attirer le

voyageur. C'est une fort jolie petite île de sable où, l'été, la population de Venise va prendre les bains de mer et où se donnent beaucoup de fêtes populaires.

Citons encore Malamocco qui servit, dit-on, de capitale à l'antique peuple Venète, Poveglia, utilisée comme lazaret, San Servelo, où s'élève un bel hôpital, Murano qui renferme une des plus anciennes fabriques de glaces et de mosaïques dont les ateliers sont extrêmement curieux, etc.

*
* *

La marée est peu sensible dans l'Adriatique. A Venise, cependant, elle atteint un mètre de hauteur et quelquefois plus ; ainsi, par exemple, le soir de notre arrivée à Venise, la mer se mit à monter tant et si bien, qu'en peu d'instants le côté gauche de la place Saint-Marc, légèrement en contre-bas, fut envahi par l'eau qui débouchait du sol par des sortes de conduits communiquant avec la mer.

Les caves des magasins qui bordent ce côté de la place furent inondées, et les danseurs dont j'ai parlé plus haut, se trouvant sur l'estrade au milieu de la place, durent regagner leur domicile en plongeant dans l'eau jusqu'aux genoux. Beaucoup de promeneurs renoncèrent à reintégrer leur domicile. Des dames se firent porter chez elles par des *fachini* investis à l'improviste de ces nouvelles fonctions.

Le lendemain, le journal le *Venezia* enregistrait ces incidents avec force détails :

« La marée, disait-il, a joué hier soir, pendant le Carnaval, le rôle de personnage muet ».

Les Vénitiens assurent que les eaux de l'Adriatique sont plus salées que celles de la Méditerranée. En tirent-ils vanité ? Je n'oserai l'affirmer. Pour ma part, j'avoue n'avoir jamais eu l'occasion de constater la différence et n'y avoir même point songé.

Par suite de sa situation au milieu de l'eau — et quelquefois sous l'eau, comme on le voit, — la ville est exposée à une humidité désagréable et dangereuse. Le climat de la belle Venise est même fort malsain, pourquoi ne pas le reconnaître ? La plus riche médaille n'a-t-elle pas son revers ?

Le printemps et l'automne se revèlent par des pluies torrentielles. L'hiver est court mais rigoureux. L'été est long et la chaleur constamment suffocante ; de plus, les exhalaisons des lagunes et le manque d'eau potable, font de Venise, en cette saison, un séjour plus qu'incommode. Ajoutez à cela la présence d'une infinité de moustiques

contre lesquels les habitants épuisent vaine-
ment tous les moyens de préservation, et
vous reconnaîtrez que le bonheur du voyageur qui visite Venise n'est pas toujours
sans mélange.

Mais je m'aperçois que je m'attarde à
Venise.

Oubliant ses moustiques et ses exhalaisons, inclinons-nous une dernière fois
devant sa majestueuse splendeur, remer-
cions-la des trésors qu'elle semble avoir ac-
cumulés pour la satisfaction des étrangers et vite... partons.

CHAPITRE II

Pour nous rendre à Trieste, nous prendrons la voie ferrée.

Le train gagne d'abord la terre ferme et c'est à la première station, celle de Mestre, qu'il rejoint la ligne de Trieste.

Nous laissons à gauche Trevise, Conegliano ; à droite, Campo-Formio, célèbre par le traité qu'y signèrent la France et l'Autriche en 1797. Nous voici à Trieste, ville uniforme, sans intérêt. Empressons-nous de gagner le port.

Au milieu d'une véritable forêt de mâts je découvre, non sans peine, le navire en partance.

Nous sommes à bord de l'*Arciduchesa Carlotta*, un des plus vieux navires du Lloyd autrichien, cette richissime compagnie dont la fondation remonte au commencement du siècle. Toutes les mers sont sillonnées par ses bâtiments dont le nombre s'élève, je crois, à une centaine. Le Lloyd autrichien est à la fois une société d'assurances maritimes et une compagnie de navigation à vapeur.

Cette appellation de Lloyd, commune à deux ou trois compagnies, a une origine assez curieuse. Elle provient d'un nom propre. Au commencement du xviiie siècle, un Anglais nommé Lloyd tenait à Londres,

à Lombard street, un modeste débit de
boissons où se donnaient rendez-vous les
armateurs et les assureurs. Ils appelèrent
Lloyd le lieu de leur réunion. Plus tard,
s'étant constitués en société, ils donnèrent
à leur entreprise, qui subsiste encore actuellement, le nom de Lloyd anglais. Ce fut la
première compagnie qui porta ce nom.

* * *

Le départ s'était effectué sans encombre.
La bora, bien que violente, semblait n'avoir
point prise sur le navire. Je me réjouissais
déjà, mais trop tôt; nous n'avions pas encore
quitté la rade.

Protégés par les collines de la côte, nous
avancions allègrement. Trieste fuyait derrière nous. Ses blanches maisons étagées
nous apparurent bientôt dans un horizon
grisâtre, puis noirâtre, enfin, leurs formes

2

angulaires, si distinctes tout à l'heure, s'arrondirent, se confondirent ensuite et tout, lentement, disparut dans le lointain.

Nous étions en pleine mer. La bora se révéla alors plus furieuse que jamais. Les mâts grinçaient sous son étreinte, et, s'inclinant par instant, semblaient s'abaisser devant elle pour implorer sa pitié.

La plupart des passagers, commençant à ressentir les premières atteintes du mal de mer, désertèrent le pont et se réfugièrent dans les cabines.

Bientôt la tempête fut à son comble. Les ordres successifs lancés par le capitaine, d'une voix brève et colérique, indiquaient chez lui une certaine appréhension que, plus tard, il nous avoua.

Je demeurai sur le pont, persuadé comme beaucoup que le grand air était le meilleur préservatif contre le mal que je redoutais. Et certes, ce n'est pas l'air qui manquait. Il fallait même une volonté bien arrêtée ou une crainte bien forte de la maladie pour endurer le pénible séjour du pont par le temps que nous subissions. J'eus lieu, d'ailleurs, de m'en féliciter, car, seul peut-être parmi tous les passagers, j'échappai aux désagréments trop souvent inhérents à une traversée.

*
* *

Le déjeuner fut servi à une heure et demie. La tempête, qui avait paralysé le travail des cuisiniers, fut la cause du retard.

Nous fûmes peu nombreux à table : deux ou trois passagers seulement et les officiers du bord. Les autres passagers... dormaient. Par exemple, l'appétit des convives suppléa à leur petit nombre. On fit grand honneur à la cuisine du bord, excellente, d'ailleurs; à voir les plats qu'on enlevait de table, jamais on ne dut se douter, à l'office, que si peu de passagers avaient pris part au déjeuner.

La tempête continuait de plus belle. La table s'inclinait ou tressautait; les assiettes, les verres et les bouteilles, bien qu'encastrés dans des rainures *ad hoc*, dansaient à tous moments une sarabande effrénée. De chaque côté de la table, les chaises s'abaissaient et se relevaient tour à tour, si bien qu'en regardant son convive de face on se fût cru occupé à joüer avec lui à la bascule, ce jeu favori des enfants.

*
* *

Le jour commençait à baisser. Le capitaine, se sentant impuissant à lutter plus longtemps contre la tempête persistante, nous annonça qu'il renonçait à gagner Pola, la première ville où le navire devait s'arrêter, et qu'il allait nous diriger vers un petit port du littoral, Rovigno, où nous jetterions l'ancre et passerions la nuit. Et pourtant, deux heures de marche nous séparaient seulement de Pola.

Quelques instants après nous stoppions. Ce fut un soulagement pour bien des passagers.

Il faisait nuit noire. J'aperçus quelques lueurs indécises. Nous étions devant Rovigno, à quelques centaines de mètres de la côte. Là, nous passâmes la nuit, un peu ballottés par les flots, mais relativement fort à l'aise.

Je fus éveillé le lendemain matin, vers six heures, par un violent bruit de chaîne. Nous venions de lever l'ancre. Je montai sur le pont et fus agréablement surpris en constatant que, pendant la nuit, la bora nous avait faussé compagnie. La nappe bleue s'étendait calme et transparente autour de nous. Le ciel brumeux de la veille avait fait place à un ciel azuré, pommelé de quelques nuages diaphanes et fort élevés.

Placide, et soulevant autour de lui une écume laiteuse, le navire fendait l'onde, sur laquelle il semblait glisser. Rovigno dressait derrière nous ses élégantes constructions pittoresquement disposées sur le flanc d'un rocher, d'où émergeait un clocher rappelant celui de Saint-Marc, à Venise.

En peu d'instants, maisons et clocher, nous perdîmes tout de vue.

*
* *

Quelques heures plus tard nous étions devant Pola.

La première chose qui frappa nos yeux ce furent les fameuses arènes dont les arcatures supérieures se découpaient sur un ciel merveilleux. Ces arènes, plus vastes que celles de Nîmes et de Vérone et surtout mieux conservées, au moins quant à l'extérieur, se dressent à peu de distance du port, majestueuses dans leur immensité, narguant les chétifs édifices qui s'élèvent à leurs pieds et qu'elles sont appelées à voir s'écrouler les uns après les autres sans qu'elles soient ébranlées, sans qu'elles perdent une pierre. Cet amphithéâtre qui lutte victorieusement contre les siècles, c'est l'humanité battant presque en brèche l'éternité.

*
* *

Le port de Pola, un des plus sûrs et des

plus vastes de toute l'Adriatique, peut con-
tenir la flotte la plus forte du monde. C'est
à Pola que se trouvent les magasins de la
marine autrichienne. L'arsenal, superbe
édifice dont la construction dut engloutir des
millions, fait songer à l'excellent emploi
qu'on eût pu faire de tout l'argent qui y fut
consacré. Malheureusement, à notre époque, un peuple n'est grand qu'autant qu'il
consacre toutes ses ressources à fabriquer
des canons.

Mais, descendons à terre.

Outre l'amphithéâtre, Pola renferme plusieurs monuments intéressants, principalement, un arc de triomphe dit *Porte d'or*,
et un délicieux petit temple romain conservé merveilleusement. Il était consacré à
Rome et à Auguste.

Sur le fronton, on lit: *Romæ. et Augusto.
Cæsaris. divo. filio. patri. patriæ.*

Dans le temple, sont entassés pêle-mêle

quantité de fragments de monuments anciens. C'est un véritable musée. On a réuni là toutes les trouvailles opérées aux environs.

Pola est une petite ville assez malpropre, populeuse et très animée. A part les monuments que nous venons de signaler, rien de curieux.

*
* *

Nous doublons le cap Promontore. Nous sommes à la pointe de l'Istrie. Nous entrons dans le *Carnero carnivoro.* C'est ainsi qu'on dénomme le golfe qui baigne l'Istrie et la Croatie, golfe dangereux à l'excès et qui a pour effet de rembrunir, à sa vue, le front du capitaine de steamer le plus expémenté. C'est, dans l'Adriatique, la passe périlleuse par excellence. La bora et le sirocco s'y engouffrent tour à tour. En toutes saisons, la mer est houleuse et la tempête siffle du fond du golfe fatal avec un hurlement strident.

Le navire avance avec peine. Tout l'équipage se tient sur le pont. Le capitaine, attentif, ordonne d'une voix brève, et sans perdre de vue les mouvements saccadés et irréguliers de son bâtiment qui tourne, par moments, à demi sur lui-même, au grand effroi des dames du bord.

Enfin, la passe est franchie. Nous touchons à l'île de Lussino où nous stoppons. Nous avons laissé la tempête derrière nous.

Le calme est rétabli.

*
* *

A partir de Lussino, nous allons entrer dans une véritable forêt d'îles et d'îlots bizarrement découpés, au milieu desquels le navire va s'aventurer.

Il semble invraisemblable qu'on puisse distinguer sa route, à travers ce dédale.

On connaît cette côte curieuse de la Dalmatie ; on a vu sur toutes les cartes de géographie cette langue de terre protégée par un nombre d'îlots et d'écueils si considérable qu'on ne peut apercevoir la pleine mer, d'aucun point du littoral : l'horizon est toujours borné par une île. Vous croyez voir l'Adriatique, c'est un canal, un fiord.

Les côtes sont bordées de rochers à pic, souvent très élevés. Derrière les rochers, se dressent des chaînes de montagnes parallèles au rivage. Ce sont des ramifications des Alpes Dinariques. De ces montagnes, s'échappent des torrents qui se précipitent dans la mer en formant cataractes.

Les côtes et les îles dalmates offrent

toutes le même aspect. Partout, de hautes collines arides qui s'étendent à perte de vue ; partout, la même tristesse, la même nudité.

De loin en loin, seulement, le regard se repose agréablement sur un vallon à demi verdoyant. Ce sont quelques figuiers isolés, des oliviers ou des ceps de vigne rabougris.

Et cependant, le sol dalmate est fertile, mais les habitants ivrognes, paresseux et trop occupés des choses de la mer, le négligent étrangement. Les récoltes se font pour ainsi dire d'elles-mêmes.

*
* *

C'est en 1797, par le traité de Campo-Formio, que les possessions vénitiennes en Dalmatie furent cédées à l'Autriche. On sait qu'un insensé, Napoléon Ier, conçut un jour la dangereuse pensée de les soumettre à sa puissance. Ce plan fut mis à exécution et, en 1809, la Dalmatie devint française.

En 1815, le congrès de Vienne la restitua à l'Autriche. Nous reçûmes un dédommagement : Napoléon, dit le Grand, fut interné à Sainte-Hélène. Que de malheurs on aurait évités s'il y eût été envoyé quelques années plus tôt !

CHAPITRE III

Nous sommes dans le port de Zara. Le coup d'œil qui s'offre au passager est des plus piquants. Sur le quai sont assemblés une multitude d'hommes et de femmes aux costumes singuliers. Ils attendent l'arrivée du navire, beaucoup par intérêt, soit pour offrir leurs services aux passagers, soit pour

faire embarquer des marchandises, d'autres
par simple curiosité. Ceux-ci sont les bons
bourgeois, les flâneurs, les oisifs qu'on
retrouve dans toutes les villes de tous les
pays. Ils sont à la piste de la moindre dis-
traction. Pour eux, employer une heure,
c'est obtenir un résultat sérieux.

A Zara, l'on aperçoit pour la première fois
un changement dans le costume. La plupart des hommes sont vêtus de vestes
courtes ouvertes par-devant et de pantalons
larges et serrés aux genoux. Ils sont coiffés
de calottes de feutre rouge — rouge, du
moins quand l'intempérie des saisons n'en
a pas encore modifié la nuance.

En Dalmatie, il n'est pas rare que le costume des habitants diffère complètement
dans une même ville. Chaque village s'ha-
bille à sa manière. Comme chez nous, en
Bretagne, la mode n'est point la même, à
deux lieues à la ronde. Cela s'observe sur-

tout pour les femmes. La forme de leurs
vêtements varie étrangement. Les couleurs
seules restent à peu près les mêmes et les
étoffes employées se distinguent toujours
par leurs teintes vives et multiples, combi-
nées de toutes les façons.

Il est bien peu de femmes sur lesquelles
on ne puisse distinguer toutes les nuances
du spectre solaire : ce ne sont pas des
femmes, ce sont des arcs-en-ciel.

Toutes sont parées de bijoux fabriqués
dans le pays et fort artistement, ma foi; ce
sont des boucles d'oreilles en filigrane
d'or ou d'argent, des bracelets délicatement
ciselés, des colliers formés de pièces de
monnaie juxtaposées. Ces bijoux présentent un caractère local intéressant, surtout
à notre époque où il est si rare de découvrir
quelque part un objet original qui ap-
partienne en propre à un pays, l'ar-
ticle de Paris ayant envahi le monde en-

3

tier et absorbé les fabrications locales.

A Zara, si l'œil est séduit, l'oreille est étonnée. On entend parler une langue nouvelle; c'est le serbe ou serbo-croate, modifié cependant quelque peu en Dalmatie par le contact perpétuel de la population avec les Italiens et les Autrichiens. Les langues allemande et italienne qui sont parlées communément ont laissé en Dalmatie grand nombre de néologismes et de locutions vicieuses. C'est seulement en Serbie et au Monténégro que le serbo-croate se parle dans toute sa pureté.

*　*
*

Zara, en slave Zadru, est surtout connue en France par son marasquin et son rosoglio. Ces liqueurs y sont en effet l'objet d'un commerce étendu.

On connaît encore Zara par une toile célèbre du Tintoret qui se trouve à Venise, au palais de Doges, dans la salle du scrutin. Ce tableau représente la prise de la ville sous la conduite de Marino Faliero.

Le Doge cependant n'y figure pas. Le sénat qui commanda la toile au Tintoret s'opposa à ce qu'on représentât la tête de celui qui fut décapité « pro criminibus. »

Dans une page remarquable, Théophile Gautier a fait de ce tableau une description qui en donne une idée exacte. Pour la circonstance, le poète s'est fait peintre. « C'est un chaos inextricable, dit Gautier, de galères aux châteaux à trois étages, de trinquets de gabie, de huniers, de triples éventails de rames, de tours, de machines de guerre et d'échelles renversées entraînant leurs grappes d'hommes; un mélange étonnant de gardes chiourme, de forçats, de matelots, d'hommes d'armes s'assommant avec des massues, des coutelas et des engins barbares, les uns nus jusqu'à la ceinture, les autres vêtus de harnois singuliers ou de costumes orientaux d'un goût capricieux et baroque comme ceux des Turcs de Rembrandt; tout cela fourmille et se débat sur des fonds de fumée et d'incendie ou sur des vagues faisant jaillir entre les galères qui se choquent leurs longues lanières vertes que termine un flocon d'écume. »

*
* *

Peu de mouvement à Zara. On entre dans la ville par une belle porte surmontée du lion de Saint-Marc que nous retrouverons d'ailleurs dans toutes les villes dalmates. Les rues sont assez bien alignées, mais étroites. De ci de là, quelques curieuses portes en ogives, des fenêtres à meneaux, ornées de

blasons. Aspect à la fois oriental et vénitien.

La cathédrale, Saint-Anasthasie, est un
joli spécimen du style roman au XIIIe siècle.

Citons encore une rotonde du IVe siècle,
bâtie sur les fondements d'un temple romain dont les soubassements sont demeurés
intacts.

*
* *

Mais le sifflet du steamer nous ramène
vers le port. Il faut s'embarquer. La foule,
qui avait assisté du quai à notre arrivée, est
également présente à notre départ. On
échange quelques derniers saluts et le
navire se met en marche.

Cinq heures après, nous entrions dans la
passe de Sebenico.

Après avoir contourné plusieurs baies, la

vieille cité, coquettement étagée autour d'une colline, se présente devant nous.

Sebenico (en slave Sibenik), rappelle quelque peu, par sa forme, un entonnoir retourné. Le fort Giovanni, construction rectangulaire, qui domine la ville, figure la petite extrémité de l'entonnoir. Ce fort fait partie des nombreux ouvrages de défense que le Vauban vénitien, San Micheli, accumula à Sebenico et aux environs.

A peine avons-nous mis pied à terre que nous nous engageons à travers une série de ruelles montueuses et malpropres [plus qu'il n'est permis, même à une cité dalmate, à la recherche d'une cathédrale qui passe pour la plus belle de la contrée. Il nous faut au moins une demi-heure pour la découvrir. Nous avions passé dix fois à deux pas d'elle, sans soupçonner sa présence, l'œil ne pouvant porter à plus de vingt mètres, au milieu des ruelles irrégulières que nous avions parcourues.

La cathédrale, située sur la place des Seigneurs, est entièrement construite en marbre blanc. Elle date du xve siècle. A côté de détails architecturaux d'un goût exquis, on découvre des imperfections étonnantes.

La façade latérale regarde la place des Seigneurs. On admire là une superbe porte surmontée des statues d'Adam et d'Ève, deux véritables merveilles, célèbres, du reste en archéologie.

L'ornementation extérieure a pour base les torsades qui produisent le meilleur effet.

Avant de quitter la place des Seigneurs, accordons un coup d'œil à la gracieuse *loggia* qui ornait jadis le palais communal et qui surmonte aujourd'hui — triste retour des choses d'ici-bas — la boutique d'un simple limonadier.

Sebenico se trouve à l'embouchure de la

Kerkah, torrent impétueux qui forme une
cataracte célèbre, rappelant celles du Ty-
rol.

Les Dalmates, gens pratiques, ont utilisé
leur cataracte. Elle sert à mouvoir des mou-
lins à blé et des machines à foulon.

C'est de Sebenico que part la seule ligne
de chemin de fer qui existe, non seulement
en Dalmatie, mais dans toute cette partie
de la péninsule des Balkans.

Et qu'est-ce que ce chemin de fer? Tout
au plus ce qu'est en France une ligne d'intérêt local de quatrième ordre. Elle joint
Sebenico et Spalato, la prochaine ville que
nous allons rencontrer sur le littoral, à
Sivérié, petite localité, riche par son indus-
trie minière. La voie ferrée, qui mesure une
vingtaine de lieues, sert à conduire dans les
deux ports le produit des mines de Sivérié.

Pauvre ligne que celle-là ! Isolée avec ses
vingt lieues de parcours dans un continent

tout entier! Les départs y sont rares. Les voyageurs aussi. C'est à peine s'il existe des wagons à leur usage. La ligne cotoie la mer au milieu de vignes, de grenadiers, de figuiers... Mais nous oublions que nous n'avons point à prendre le chemin de fer ; *L'Arciducesa Carlotta* nous attend.

*
* *

On fait escale à Ragosnizza, puis, à la nuit, on arrive à Spalato. Le navire jette l'ancre au milieu de la baie ; le débarquement n'aura lieu que le lendemain matin.

J'en suis désolé, car j'aurais voulu voir immédiatement ou plutôt apercevoir le fameux palais de Dioclétien ; d'un autre côté, les mille lumières du quai, qui paraît fort animé malgré l'heure avancée, nous donne un furieux désir de passer la soirée ailleurs que dans notre cabine. On a soif de mouvement.

Une seule barque se rend à terre. Elle conduit le maître d'hôtel qui va s'occuper de l'approvisionnement. Il faut attendre. On se console — maigre consolation — en contemplant mélancoliquement les feux de la ville se reflétant autour du navire sur l'eau mouvante du port.

*
* *

Le jour paraît. J'invite un homme de l'équipage à me conduire à terre. Quelques minutes après, j'étais à Spalato, la ville la plus considérable de la Dalmatie, le point de mire des artistes et des savants qui voyagent dans la région. Peu de villes renferment autant de richesses historiques.

Nous n'avons pas la prétention de les passer toutes en revue. Nous nous contenterons, comme nous l'avons fait jusqu'à présent, d'une description rapide.

C'est à Dioclétien que Spalato doit son origine. On connaît l'existence de cet homme, qui, d'abord simple soldat, parvint à l'empire, et qui, dès qu'il fut empereur, n'eut d'autre souci que de rentrer dans la vie privée.

Dioclétien, pour mettre à exécution son rêve favori, s'était fait construire un somptueux palais où il se retira et vécut pendant huit années (305-313), c'est-à-dire jusqu'à sa mort.

Ce palais ne ressemble en rien à ceux des temps modernes. C'était plus qu'une habitation, c'était une ville. Il était capable de loger tous les clients d'un homme comme Dioclétien. C'est assez dire. Plusieurs temples, des thermes aux proportions gigantesques y trouvaient leur place. Quatre portes y donnaient accès : la porte de fer, la porte d'airain, la porte d'or et la porte de mer. Ces portes existent encore.

La ville actuelle a été bâtie en entier dans les limites de l'ancien palais dont les hautes murailles forment actuellement une sorte d'enceinte fortifiée. Ce n'est que depuis peu de temps que l'accroissement de la population a fait déborder les maisons en dehors des limites du palais.

On a reconstitué, dans ces derniers temps, d'une façon assez complète, l'emplacement exact occupé jadis par cette vaste construction. Au siècle passé, déjà, un savant anglais, Adams, s'était imposé cette tâche ardue. Après dix années de recherches, de fouilles incessantes, il publia, en 1767, un curieux volume sous ce titre : *Ruins of the Palace of the emperor Diocletian at Spalato*. Cet ouvrage a servi de base à tous les travaux ultérieurs.

Mais n'abordons pas ces détails techni-
ques qui nous entraîneraient hors de notre
cadre.

Le palais de Dioclétien était de forme
carrée. A chaque angle s'élevait une véritable forteresse, destinée à protéger la ré-
sidence de l'empereur.

Le palais était construit sur une langue
de terre, entourée par l'Adriatique.

La façade regardait la mer. Elle était ornée de belles colonnes qui subsistent encore,
pour la plupart mais entre lesquelles, malheureusement, on a percé de prosaïques
fenêtres qui nuisent considérablement à
l'effet.

L'atrium est d'une conservation parfaite :
c'est une cour rectangulaire bordée de colonnes corinthiennes supportant des arcs et
un large entablement.

A côté, s'élèvent trois temples, — le
temple de Jupiter qui sert maintenant de

cathédrale et deux autres, l'un consacré jadis
à Diane, l'autre à Esculape.

L'intérieur du temple de Diane est d'un
aspect particulièrement grandiose. On remarque huit colonnes de granit de sept
mètres de haut, toutes superbement conservées.

Le temple d'Esculape est resté à peu près
intact. Il a servi, dit-on, de tombeau à Dioclétien.

Mais nous n'en finirions point si nous
voulions tout décrire. Sachons nous borner.

On rencontre à Spalato, isolés les uns des
autres, de nombreux petits jardins. C'est là,
probablement, que se trouvaient ceux de
Dioclétien, dont la culture lui faisait, disait-
il, oublier l'empire. C'est là que poussaient
les fameuses laitues de Salone qu'il invo-
quait en refusant de reprendre la couronne.

Salone est le nom antique de Spalato,
ou plus exactement c'est le nom de l'endroit

où s'éléva plus tard Spalato. La dénomination moderne est simplement la corruption du mot latin palatium (palais). Un village obscur, tout proche de Spalato, porte encore le nom de Salona.

Spalato possède actuellement 18 à 20,000 habitants. C'est, assurément, de toute la Dalmatie, la ville appelée aux plus riches destinées.

On a dit, non sans raison, en parlant des principales cités dalmates : Raguse, c'est le passé, Zara, le présent, Spalato, l'avenir.

Le commerce y est assez florissant. Les vins en forment la base. En Orient, principalement, les vins de Spalato sont très recherchés. Ils sont d'ailleurs de fort bonne qualité.

***

Avant d'arriver à Cattaro il nous faudra faire encore de nombreuses escales.

C'est d'abord Almissa, un port minuscule, qui fut, au moyen-âge, pendant plusieurs siècles, le quartier général des pirates de l'Adriatique, puis Macarsca, aux maisons peintes en rouge.

Toutes ces villes sont adossées à des montagnes noirâtres, dénudées, tristes, toutes très élevées et qui s'avancent à pic tellement loin dans la mer qu'on se demande comment on a pu trouver le moyen de bâtir là des maisons. Il est vrai de dire qu'elles ont été élevées bien plus sur un terrain disputé à la mer que sur le sol lui-même. Ces chétives habitations, construites aux pieds de gigantesques montagnes, forment un contraste violent auquel on à peine à s'habituer.

Après Macarsca, nous nous engageons dans une série de canaux bordés d'îles souvent curieuses. C'est d'abord Lesina qui possède une loggia remarquable, Curzola connue par les vaisseaux qu'on y construit, Lissa, célèbre par deux batailles navales, l'une en 1811 entre les escadres française et anglaise, l'autre en 1866 entre la flotte italienne et la flotte autrichienne. Dans ce dernier combat, la flotte italienne fut à moitié détruite par l'amiral Teghetoff.

Après Austerlitz, Lissa devint possession anglaise.

Nous voici à Raguse ou plutôt à Gravosa. Le port de Raguse, en effet, n'est pas assez sûr pour permettre aux vaisseaux du Lloyd de s'y arrêter. C'est par Gravosa que la ville est en rapport d'affaires avec la mer. Les deux villes sont situées chacune sur le versant opposé d'une langue de terre élevée, et reliées l'une à l'autre par une belle route régulièrement tracée.

De Gravosa, on se rend en voiture à Raguse en une demi-heure.

Gravosa, n'a aucune importance par elle-même.

Raguse, que les Slaves appellent Dubrovnik, ne vit que dans le passé. De sa splendeur d'autrefois, elle ne possède que le souvenir. Il suffit de la parcourir un instant pour s'en convaincre.

Elle est triste, déserte. Il semble qu'elle soit constamment occupée à pleurer sa gloire envolée. La République de Raguse compte dans son histoire plus d'une page éclatante. Rivale de Venise pendant des siècles, seule, elle parvint à mettre en échec la toute puissante République. Elle est la seule cité dalmate où ne se dresse point le lion de Saint-Marc.

La République de Raguse subsista jusqu'en 1806. A cette époque, les Français s'en emparèrent — éphémère et coûteuse conquête — puis, dès lors, Raguse n'exista plus individuellement. Elle subit la destinée des autres cités dalmates.

Deux terribles tremblements de terre se firent sentir à Raguse, l'un en 1634, l'autre en 1667 ; ce dernier détruisit la ville de fond en comble.

Le commerce est nul à Raguse. Pourtant le *Stradone*, la rue principale, renferme un assez grand nombre de boutiques — de bijoutiers principalement — fort coquettement installées.

En face de Raguse, on aperçoit l'île de Lacroma transformée en habitation de plaisance par le malheureux archiduc Maximilien, alors qu'il commandait la flotte autrichienne.

Mais quittons Raguse. L'heure nous presse.

Le vent est bon. On atteindra rapidement Cattaro. Nous passons sans nous arrêter devant Ragusa-Vecchia, située sur la côte, à 25 kilomètres au sud-est de Raguse. C'est l'ancienne Epidaure, détruite par les Slaves au VIIe siècle et qu'il ne faut pas confondre avec celle du Péloponèse. Toutes deux étaient consacrées au culte d'Esculape.

Le navire vogue encore pendant plusieurs heures. La côte devient de plus en plus abrupte. Nous continuons à longer d'innombrables îles et presqu'îles. Enfin nous arrivons devant un promontoire surmonté d'une forteresse : c'est Punta d'Ostro.

Nous sommes devant les bouches de Cattaro.

CHAPITRE IV

Les Bouches de Cattaro. — Risano. — Le Catene. — Perasto. — Stolivo. — Cattaro. — Préparatifs de départ pour le Monténégro. — La locanda. — Les fortifications. — La Marine, — Le Giardinetto. — Les Boccésiens. — L'insurrection de 1869.

Le navire vient de quitter l'Adriatique. Nous sommes dans les bouches de Cattaro.

A partir de Punta d'Ostro, brusquement, se dresse à chaque pas devant le voyageur un amoncellement sans cesse renouvelé des bizarreries les plus surprenantes de la nature. On ignore généralement en quoi consistent les bouches de Cattaro. Beaucoup —

des érudits même — se figurent encore qu'il s'agit de l'embouchure d'un fleuve remarquable. Erreur. Les bouches ne sont à vrai dire qu'un golfe, mais un golfe spécial, ou mieux encore un lac formé par la mer dans l'encaissement de montagnes.

Arrivé à la Punta d'Ostro, le steamer, virant à gauche, pénètre dans une jolie baie presque circulaire. On croit découvrir devant soi Cattaro ; on se trompe, ce golfe n'en est pas précisément un ; une passe très troite, *le Catene* donne encore accès dans deux autres baies, celle de Risano et celle de Stolivo.

Le *Catene* est un simple canal long de plusieurs kilomètres dans lequel deux forts navires auraient peine à passer de front. Les montagnes qui le bordent sont tellement élevées qu'en plein jour même, c'est à peine si la lumière y peut pénétrer.

En sortant du *Catene*, on pénètre dans la baie de Risano qui baigne une agréable petite ville du même nom, puis, à droite, on découvre enfin le golfe de Cattaro. Mais, patientons, Cattaro n'est pas encore visible. Il faut une bonne heure de navigation pour arriver à la ville.

Nous laissons à gauche Pérasto, à droite Stolivo. Partout, les mêmes montagnes au bord de la mer, le même aspect sauvage et terrible. De ci de là, quelques maisons espacées sur la rive.

Aucune végétation. A peine quelques carrés de terre, au milieu desquels s'élèvent péniblement des arbustes ou plutôt des squelettes d'arbustes.

Enfin, on aperçoit Cattaro.

Il y a cinq heures, depuis l'entrée des bouches, que le navire avance. Cette traversée est une des plus surprenantes qu'il soit possible de faire. L'imagination humaine ne peut rêver rien de plus capricieux, de plus fantastique.

Cattaro est donc située à l'extrémité de ce canal naturel. La ville est adossée à une énorme chaîne de montagnes circulaire qui mesure 14 ou 1500 mètres. Au-dessus, s'élève le Monténégro. A droite, des montagnes, à gauche des montagnes. En face, une toute petite passe permet seule d'apercevoir le ciel autrement qu'en élevant la tête, à la manière d'un amateur de plafonds. Cette circonstance fait qu'à Cattaro on ne voit le soleil que plusieurs heures après son lever. Elle occasionne également des orages épouvantables. Des nuages qui crèvent sur la cime des montagnes précipitent leurs eaux sur la ville avec une extrême abondance. L'été, ces remparts de rochers dénudés occasionnent, de plus, une chaleur étouffante.

Il fait nuit quand le navire atterrit. Remettons à demain notre inspection de la ville.

A ma descente du navire, je suis reçu
par l'agent du prince Nicólas, M. Pero Ramadanovich, qui me conduit à l'hôtel et
m'avertit que pour me conduire à Cettigné, deux chevaux m'attendront, le lendemain matin, à 8 heures. L'un m'est destiné; l'autre servira au transport de mes bagages.

Je me fais servir dans le salon de la
locanda (auberge) un dîner aussi soigné
qu'il est possible, mais tout laisse fort à
désirer. Mauvaise viande, mauvais pain,
mauvais vin, jusqu'aux œufs qui trouvent
le moyen d'être de mauvaise qualité. Et,
malheureusement, comme la muscade du
Festin ridicule, on en a mis partout. On
va jusqu'à m'en appliquer un sur le bifteck

horriblement dur, qui m'est servi. Il paraît que c'est l'habitude.

Dans la salle à manger prennent leur repas en même temps que moi une quinzaine d'officiers autrichiens qui en sont déjà à leur café et qui fument d'énormes pipes, emplissant la salle d'une fumée épaisse. De plus, ils causent ou plutôt ils crient si fort qu'on les croirait tous sourds. Le silence ne s'était rétabli qu'à mon entrée dans la salle. Il y eut, à ma vue, un étonnement sensible. Pensez donc un étranger à Cattaro! C'est presque un événement! Qui va s'aventurer jusque-là? Les deux seuls petit hôtels de la ville sont habités uniquement par les officiers de la garnison. Jamais une figure inconnue n'y pénètre; de temps en temps, seulement un bourgeois amené par l'un des officiers.

*
* *

Le lendemain, je m'éveille de fort bonne heure. Je tiens à jeter un coup d'œil sur la ville avant de la quitter pour très longtemps, peut-être.

Cattaro, je viens de le dire, est adossée à une montagne sur laquelle sont étagées ses dernières maisons. La ville est enserrée dans une ceinture de forteresses taillées dans le roc. On est stupéfait à la vue de ces travaux de fortifications exécutés sur des pics qui semblent inaccessibles et qui le sont, ma foi, à peu près.

Cette ceinture de forts, qui contourne et domine la ville l'a empêchée de prendre l'extension à laquelle elle était appelée par l'importance de son commerce avec l'intérieur et principalement le Monténégro. Les maisons sont tellement rapprochées qu'elles semblent, vues à quelque distance, construites les unes sur les autres ; les rues sont fort étroites et les places n'existent pour ainsi dire pas.

Il n'y a qu'une promenade et encore est-elle en dehors des murs, c'est la *Marine;* elle se trouve sur le quai.

Pour pénétrer dans la ville il faut franchir une porte fortifiée « la porte de mer » à l'aspect menaçant, gardée par plusieurs factionnaires et qui se ferme la nuit.

Un silence profond règne sur Cattaro. Il est dû surtout à l'absence de voitures et de chevaux. Un règlement de police leur interdit l'accès de Cattaro. Les muletiers qui descendent du Monténégro sont obligés de laisser leurs bêtes à la porte de la ville, à côté de la douane. Ils y laissent aussi les armes dont ils sont constamment porteurs, suivant l'antique coutume de leur pays. Pas de voitures, pas de chevaux, partant pas de trottoirs. Les rues sont dallées, comme le sont, chez nous, les galeries vitrées.

Le commerce est très actif. On ne rencontre que des gens affairés, armateurs, négociants, employés du Lloyd, qui vont, viennent en tous sens, et qui, leurs affaires terminées, iront, à la tombée de la nuit, se reposer tranquillement à la Marine, en fumant un cigare et en humant une glace ou un sorbet. Là, est établi un café en plein air, assez confortable pour la localité. Ce café (le Giardinetto) rappelle vaguement les restaurants des environs de Paris qui, l'été, établissent des tables sous les bosquets plus ou moins verdoyants. Mais le café de la

Marine a l'inconvénient de se trouver beaucoup trop près du port qui dégage par moments, surtout pendant les chaleurs, des émanations fort désagréables. La Marine est le rendez-vous de la population élégante, et aussi des officiers autrichiens qui y passent à peu près toute leur journée.

Après le coucher du soleil, on voit arriver vers la Marine toutes les familles de la ville. Les Cattarines, dont beaucoup sont fort élégantes et beaucoup aussi fort jolies, viennent étaler leurs toilettes, toujours un peu en retard sur la mode parisienne; bien entendu, mais qui, cependant, n'en sont pas moins très coquettes.

Le costume national n'est porté que par les gens de la plus basse classe.

*
* *

Les habitants des Bouches ou Boccésiens forment une population à part dans la Dalmatie. Quoique soumise complètement à la domination autrichienne, elle a toujours conservé une sorte de demi indépendance que lui a valu, peut-être, son éloignement de Vienne, mais aussi, et surtout, son caractère indomptable.

Plusieurs insurrections ont éclaté dans les Bouches. La dernière, encore présente au souvenir de tous les Dalmates, date de 1869.

Au mois d'avril de cette année, à la suite d'un ordre ministériel qui ordonnait l'incorporation immédiate, dans les cadres de l'armée, de tous les Boccésiens, une émeute éclata et dégénéra bientôt en lutte sanglante. Les Boccésiens demandaient :

1° que les habitants du district ou cercle

de Cattaro ne fussent jamais obligés de servir dans l'armée, *hors de leur pays;*

2° que les soldats inscrits pussent librement voyager hors du cercle, après l'achèvement de leur instruction militaire.

3° qu'en ce qui concernait l'uniforme on respectât les coutumes locales.

Le gouverneur de la Dalmatie, le baron Wagner, se rendit à Cattaro, mais au lieu de conférer avec les délégués du peuple, afin d'arriver à une entente, il se fit expédier immédiatement plusieurs régiments.

La lutte commença, terrible, acharnée.

Nombre de popes qu'on rendait responsables des mesures gouvernementales furent mis à mort.

De son côté, le baron Wagner proclama l'état de siège et institua une cour martiale qui se livra à une très vilaine besogne, dont malheureusement beaucoup de peuples ont vu chez eux des exemples.

La lutte dura cinq mois.

Tous les insurgés faits prisonniers étaient immédiatement passés par les armes.

Le général d'Auersperg succéda au baron Wagner, mais en dépit des violents moyens de répression, il ne fut pas plus heureux que son prédécesseur.

Les Boccésiens combattaient en lions ; connaissant les lieux comme ils les connaissaient, fondant à l'improviste sur l'ennemi, puis battant en retraite dans leurs gorges escarpées, ils étaient, pour ainsi dire, invincibles. La lutte menaçait de s'éterniser. On s'émut à Vienne. Dans les sphères gouvernementales, de sérieuses appréhensions commençaient à naître. On décida de conclure la paix, coûte que coûte. Une entrevue eut lieu le 3 janvier 1870, à Knésélats, entre le feld-maréchal Gavrilo Roditch et plusieurs chefs insurgés.

Le gouvernement, bien avisé, fit proposer tout d'abord l'amnistie.

Cette offre facilita la pacification.

L'envoyé de l'Empereur s'engagea, en outre, à dédommager intégralement les Boccésiens des pertes que la lutte aurait pu leur faire subir.

Sur de pareilles bases, l'entente ne tarda pas à s'établir et, le lendemain, l'ordre renaissait dans les Bouches.

CHAPITRE V

Mais, revenons à Cattaro et rappelons-
nous que nos chevaux nous attendent pour
nous conduire à Cettigné.

Il est huit heures.

M. Ramadanovich, fort exact, vient me
chercher.

Mes bagages sont déjà partis et nous nous

dirigeons vers la porte de terre, celle qui conduit à la montagne.

Le muletier est exact. Il se trouve là en compagnie de sa femme et de deux chevaux. Ce n'est pas sans intention que j'assimile ainsi la femme aux chevaux car, pour le Monténégrin, c'est tout un: celui-là seul qui fait le plus de besogne mérite la préférence.

Mon conducteur, qui se nomme Savo, est un homme jeune, puissamment bâti, à la mine à la fois sévère et douce. Il est vêtu à la mode monténégrine. Il porte la *gougne*, tunique en laine blanche, ouverte par devant de façon à laisser voir une sorte de gilet croisé rouge (*djamadan*).

Le pantalon bouffant ou gatchié, en drap bleu, est fixé aux genoux par des jarretières. Les mollets sont recouverts de guêtres collantes en laine blanche ; enfin, le pied est chaussé de l'*opanké*, ce soulier traditionnel en forme de sandale, taillé dans une peau de chèvre non tannée ; c'est, à proprement parler, une simple semelle, fixée par une série de cordons de cuir croisant sur le cou de pied.

La coiffure, c'est la *kapa*, sorte de toque en drap rouge, garnie d'un rebord de soie noire. La partie supérieure est brodée de deux initiales en or, celles du prince Nicolas.

Tel est le costume de mon Monténégrin ; tel est aussi celui de tous les autres. La richesse et l'abondance de broderies varient, mais la forme et la couleur du vêtement restent les mêmes, aussi bien chez le prince que chez ses plus humbles sujets.

Nous avons omis de signaler une partie essentielle du costume, le *pass* ou ceinture de soie, enroulant plusieurs fois la taille et recouverte du *kolan*, seconde ceinture, celle-ci en cuir, destinée à supporter les *handjars* et les pistolets. On sait en effet que les armes font partie intégrante du costume monténégrin.

Mon conducteur ne porte qu'un révolver de fort calibre et un handjar extrêmement long.

La femme, Melitza, est vêtue du *koret*, sorte de tunique blanche, sans manches, descendant à mi-jambe. La jupe est verte. Un voile noir — signe distinctif des femmes mariées — recouvre la tête.

** **

Mes deux chevaux sont là. En un instant, l'un d'eux, pourvu d'un bât, est chargé de mes colis et je monte sur l'autre. Je serre la main à M. Ramadanovich et l'on se met en marche. La jeune Monténégrine porte sur les épaules une petite malle qui n'a pu trouver place sur le dos du cheval.

Son mari, lui, se contente de tenir d'une main sa longue pipe ou *tchibouk*, et de l'autre, une badine, dont il se sert pour exciter les chevaux.

Je ne suis pas plutôt en selle que je ne puis retenir un mouvement d'étonnement. J'étais, sans m'en apercevoir, au pied même de la Montagne Noire. Elle m'apparaissait encore plus fantastique que la veille. Jamais, pensais-je en moi-même, nous n'arriverons à la franchir. Je ne distinguais, en effet, aucune route ou semblant de route ; à peine, transversalement, quelques lignes grises superposées, disparaissant en haut dans le brouillard et dont je ne m'expliquais pas le but.

Ces lignes, c'était les lacets qui forment la première partie de la route de Cattaro à Cettigne.

Pour parvenir à faire l'ascension de la montagne à pic, l'homme à dû tailler dans le roc, sur toute la hauteur, un sentier composé de soixante-seize lacets placés obliquement les uns au-dessus des autres et communiquant ensemble par leur extrémité. La partie élevée de l'un aboutit à la partie inférieure de l'autre. On marche donc perpétuellement de droite à gauche et de gauche à droite. Quand on arrive à l'extrémifé d'un lacet, on tourne brusquement et l'on s'engage dans l'autre, placé immédiatement au-dessus.

C'est donc une route, suspendue, en quelque sorte, à une muraille de rocher. Et quelle route !... Elle mesure, en moyenne, quatre-vingt centimètres de large, et il va sans dire qu'elle n'est munie d'aucun garde-fou, si bien qu'en arrivant aux lacets supérieurs, on risque fort d'être saisi par le vertige.

Ces lacets ont un développement d'environ six mille mètres. On emploie deux heures à en faire l'ascension. En gravissant les premiers, je ne pus, je l'avoue, réprimer une certaine appréhension, accrue surtout par la persistance de mon cheval à vouloir marcher constamment sur la lisière du chemin. J'évitais tout d'abord de regarder à mes pieds, par crainte du vertige, mais peu à peu je me risquai et je constatai avec satisfaction que je n'avais rien à craindre de ce côté-là.

A mon grand étonnement, mon appréhension se dissipa à mesure que je gagnais les lacets supérieurs et cependant, combien plus grand était le danger !... Il y a un dédommagement réel : c'est la vue dont on jouit.

L'imagination humaine est impuissante à concevoir un spectacle analogue. L'œil embrasse une étendue inouïe.

A vos pieds, imperceptibles, vous distinguez les maisons de Cattaro perdues dans l'immensité qui les entoure.

Une pierre jetée perpendiculairement viendrait juste s'abattre sur les toits de la ville.

Plus loin, ce sont les Bouches. Ces canaux et ces golfes multiples que l'on ne pouvait apercevoir que les uns après les autres, il est donné maintenant de les considérer tout à l'aise dans leur ensemble, séparés seulement les uns des autres par leurs murailles de roche.

Dans le lointain, l'Adriatique s'étend à perte de vue.

Partout, à droite, à gauche, à vos pieds, sur votre tête, des montagnes abruptes, superbes dans leur nudité.

Ancrée dans la baie de Cattaro, je distinguais encore l'*Arciducesa Carlotta*, tellement réduite, dans son éloignement, qu'on croirait voir un de ces bateaux minuscules qui font la joie des enfants sur les bassins des jardins publics de Paris.

* *
*

. Un bourdonnement persistant, — la rumeur de la ville, — nous avait accompagnés pendant la première heure de notre ascension. Il s'est affaibli insensiblement. Le silence est maintenant complet. On entend, seul, le fer des chevaux frappant lourdement la roche qui, souvent, se détachant par fragments, va rouler hors du sentier et se précipiter le long de la montagne, accompagnée d'un bruit sourd et saccadé.

Le vent mugit fortement. Les chevaux, par moment, s'arrêtent, indécis, devant une bourrasque plus violente que les autres.

Mais, d'où vient ce son harmonieux qui

brusquement, parvient à nos oreilles ? On croirait distinguer le rhythme délicieux d'une de ces valses viennoises si justement célèbres.

Je m'informe auprès de mon guide. Bien qu'il ne connaisse que le serbe, je parviens à me faire renseigner. C'est la musique du régiment de Cattaro qui répète en ce moment les morceaux qu'elle doit jouer l'après-midi. Le dimanche, en effet — et c'était précisément dimanche — les Cattarins et Cattarines s'offrent en matinée, en guise de concert Colonne, le répertoire de la musique militaire.

J'entendis la répétition, pendant encore une vingtaine de minutes, puis, graduellement, tout rentra dans le silence.

Cet intermède, gracieux autant qu'inattendu, ajouta encore dans mon esprit à l'impression violente que j'avais ressentie depuis mon départ de Cattaro.

Laissant marcher à son gré mon cheval qui, d'ailleurs, connaissait mieux son chemin que moi, j'oubliais pour un instant la route et tout ce qu'elle avait de pénible, inconscient, les yeux fixés vaguement devant moi, et songeant à tant de choses à la fois que j'eus été incapable de savoir à quoi je songeais.

Une exclamation de Savo, qui, étendant le bras, me désignait un rocher, me rappela à la réalité.

Avec beaucoup de difficulté, je parvins à comprendre que Savo voulait m'indiquer la frontière autrichienne que nous venions précisément de franchir.

Nous sommes arrivés, en effet, au sommet des lacets. Nous sommes au Monténégro.

Rien n'indique la frontière. On peut cependant la reconnaître facilement à ceci : les poteaux télégraphiques qui étaient jusqu'à présent régulièrement posés et formés de mâts parfaitement cylindriques ont fait place à des poteaux malheureux, simples troncs d'arbres difformes, de toutes les épaisseurs et de toutes les hauteurs. C'est la richesse coudoyant la misère.

*\
* *

A partir de cet endroit, on quitte le flanc de la montagne. La mer a disparu ; Cattaro aussi. L'œil n'embrasse plus que le ciel et la roche.

La route devient alors tellement invraisemblable qu'il faut renoncer à la décrire. Et quand je dis la route, j'emploie une expression bien osée : rien ne ressemble moins à une route. Ce n'est pas un chemin, pas même un sentier, c'est tout au plus un sillon tracé par les pieds des Monténégrins, habitués à passer là plus généralement qu'ailleurs. A part les lacets, la route de Cattaro à Cettigné se continue toujours ainsi. Il en est de même du reste de toutes les routes du Monténégro, ainsi que j'ai eu l'occasion de m'en convaincre depuis.

On vous dit : voici la route de Cettigné, mais on pourrait aussi bien vous l'indiquer à côté. Elle ne serait frayée ni mieux, ni plus mal.

Ces sentiers, dans lesquels deux hommes ne peuvent passer de front, sont couverts de quartiers de roches et de cailloux mouvants. Aussi, faut-il un certain temps pour prendre confiance dans sa monture dont les faux pas perpétuels ne manquent pas d'effrayer quelque peu. Ajoutez à cela qu'on côtoie, à tout moment, des abîmes d'une profondeur vertigineuse. Un, particulièrement, qui, peut-être bien, donnerait à réfléchir à une chèvre, fait frissonner ceux qui ont l'audace de le mesurer du regard. La route n'est guère large que de 50 à 60 centimètres. Elle contourne le précipice pendant environ un kilomètre. La prudence veut que les voyageurs mettent pied à terre. C'est ce que je fais, sur l'invitation de Savo, et je laisse mon cheval trotter librement devant moi.

J'ai appris, depuis, une certaine petite aventure qui n'eût pas manqué de me donner à réfléchir si je l'eusse connue plus tôt. Le secrétaire de la légation russe, M. de S..., à qui elle est arrivée, me l'a racontée à Cettigné. Il revenait de Cattaro. La pluie tombait à torrents. Encapuchonné dans son manteau, il ne s'occupait guère de son cheval qu'un guide conduisait par la bride, lorsqu'il rencontra, venant en sens inverse, un homme accompagné d'un mulet chargé de légumes destinés au marché de Cattaro. Il est d'usage en ce cas — et c'est bien naturel — que les voyageurs prennent le côté de la route bordé par la montagne, laissant l'autre aux bêtes de somme. Le guide de M. de S..., aveuglé par la bourrasque, ne sut arrêter à temps le mulet qui, déjà, s'engageait entre le cheval et la muraille de roc. Les marchandises dont il était porteur heurtèrent violemment le cheval dont les deux sabots de derrière glissèrent sur le bord du précipice.

Il y eut, alors, une seconde terrible pour le cavalier qui sentit, tout à coup, sa monture céder sous lui. D'un mouvement brusque et instinctif, il rejeta le corps vers le sentier en déchaussant ses étriers. Au même moment, son cheval disparaissait dans l'abîme, pendant que lui s'abattait sur la route. Une seconde de plus, et il était entraîné avec son cheval. C'était la mort certaine.

J'eus la chance de ne rencontrer personne sur le bord du précipice. Ce n'était heureusement pas le jour du marché de Cattaro, car les sentiers eussent été sillonnés de nombreux mulets ou simplement de femmes chargées comme des mulets. De loin en loin, seulement, nous croisions un indigène ou une indigène. Les hommes m'envoyaient un salut, en se découvrant et en lançant un « *dobrio ioutro* » (bonjour) retentissant. C'est ainsi qu'ils procèdent quand ils rencontrent un étranger. Les femmes venaient baiser ma main, ou simplement le pan de mon manteau. Ainsi le veut la coutume.

*
* *

A mesure que j'avançais, la route me semblait plus pénible. Le principal motif, je crois, c'est que je commençais à ressentir une lassitude extrême. Les cahots de mon cheval devenaient insupportables. Tantôt, aux descentes, l'avant-train incliné à terre, la pauvre bête m'obligeait — bien malgré elle du reste — à me jeter en arrière pour conserver l'équilibre; tantôt, lorsque nous gravissions une côte presque verticale, j'étais forcé de me porter brusquement vers la crinière. Ces changements de position multiples et imprévus, joints à l'obligation où l'on se trouve de mettre pied à terre, à tout moment, dans les passes particulièrement dangereuses, ne peuvent manquer de provoquer une fatigue considérable chez celui, surtout, qui parcourt la route pour la première fois.

Lorsqu'on descend de cheval, on risque, à chaque instant, une foulure ou une entorse. On ne peut, en effet, faire deux pas sans rencontrer un changement de niveau, sans poser le pied sur une pierre qui, en glissant, le fait pénétrer dans une excavation.

Un fait suffira à indiquer le travail auquel les pieds sont soumis. Je constatai en arrivant à Cettigné que les miens, en dépit de chaussures d'une épaisseur extrême, étaient ensanglantés. Ce résultat est dû aux heurts violents et perpétuels de la chaussure contre les pierres et à ceux du pied contre la chaussure.

Enfin, j'aperçois des maisons. C'est Niegous, un village à mi-chemin de Cattaro et de Cettigné.

Il est onze heures.

Comme je vais me reposer avec délices !

Niégous, lieu de naissance du prince actuel, se dresse au milieu d'une plaine, ce qui est asssez rare au Monténégro. A part Cettigné et Niégous, en effet, la plupart des villages monténégrins sont bâtis sur le versant d'une montagne. Il n'existe pas d'autre emplacement ; il n'y a pas à choisir.

La plaine de Niégous est traversée par une route assez confortable qui m'étonna. Je m'informe et l'on m'apprend que c'est un tronçon de la route carrossable projetée depuis de longues années entre Cettigné et Cattaro. Il n'en existe encore que quelques centaines de mètres, en dépit de l'assertion d'un géographe éminent qui, mal informé en cette circonstance, affirme que Cettigné est relié à Cattaro par une voie carrossable (1). Vous jugez de ma déception quand moi, qui avais lu ce passage rassurant, je me trouvais engagé dans les sentiers dont je viens de parler. Pour une route carrossable, j'estimais qu'elle laissait à désirer. Je me félicitais cependant qu'elle fût carrossable, pensant à ce qu'elle serait, si elle ne l'était pas.

Je fus persuadé, pendant un certain temps, que mon guide, pour abréger le chemin,

(1) Cette route est aujourd'hui terminée.

6

m'avait fait prendre un raccourci. J'avais
peine à croire qu'il n'existât pas une autre
route pour mettre en communication tout le
Monténégro avec la mer, avec la Dalmatie,
avec le monde civilisé, en un mot. C'était
cependant la vérité.

Savo me fit mettre pied à terre devant une
sorte de chaumière ou plutôt de cabane déla-
brée. J'entrai. Tout était d'une absolue mal-
propreté. On me fit asseoir dans la plus belle
pièce, dont les murs formés de pierres mal
jointes, laissaient pénétrer l'air. L'ameuble-
ment se composait d'une planche placée sur
deux tréteaux — c'était la table — et de deux
escabeaux d'un primitif accompli. Les gens
étaient fort obligeants; mais ils étaient si
sales que je me demandais si je pourrais
jamais me décider à manger en leur présence, malgré l'appétit que trois heures
d'ascension m'avaient procuré.

Il n'y avait cependant pas le choix. Il fallait manger là ou ne pas manger du tout.

On me servit une tranche de jambon. J'essayai d'y goûter, mais je n'y parvins même pas. Heureusement, il se trouvait des œufs ; je m'en fis cuire, à la coque, une demi-douzaine : c'était le seul moyen de manger quelque chose de propre. Dès que j'eus terminé, je m'empressai de quitter cette maison hospitalière autant que répugnante...

CHAPITRE VI

Je remontais en selle. Nous marchions depuis un quart d'heure quand nous rencontrâmes la neige pour la première fois. Nous étions à un millier de mètres au-dessus du niveau de la mer. A partir de cette altitude, la neige demeure durant une grande partie de l'année.

6.

Je me figurais que sa présence allait accroître encore les difficultés de la route. Erreur. Je ne tardais pas, au contraire, à souhaiter d'en rencontrer jusqu'à Cettigné. La neige, en effet, a pour résultat d'agréger les pierres du chemin, d'égaliser quelque peu le niveau du sol et, partant, de faciliter la marche. Il est vrai que si la neige présente des avantages, elle a aussi l'inconvénient de dissimuler les sillons dans lesquels il est le plus prudent de s'aventurer, mais, avec un guide expérimenté, on surmonte aisément cette difficulté.

Il m'arrivait, par exemple, d'être souvent embarrassé sur la route à suivre. C'était quand mon guide et sa femme, pour abréger le chemin, me quittaient pendant dix minutes ou un quart d'heure, afin de prendre un raccourci dans lequel les chevaux n'auraient jamais réussi à s'engager. Je ne tardais pas, alors, à retrouver Savo, perché sur un rocher au-dessus de ma tête et m'appelant, en me désignant le sentier à suivre.

*

Je n'ai pas la prétention de continuer à décrire ma route. Comment dépeindre des montagnes qui se ressemblent toutes et qu'on franchit toutes par des chemins analogues ?

L'on monte et l'on descend perpétuellement. Arrivé au sommet d'un pic, vous vous engagez immédiatement sur un autre, situé immédiatement après, soit au même niveau, soit au-dessus. Vous en recommencez l'ascension, puis la descente, et toujours ainsi jusqu'à Cettigné. Arrivé à une certaine gorge particulièrement escarpée, Savo qui marchait devant moi revint brusquement sur ses pas et tirant son revolver m'adressa en slave quelques mots que je ne compris point.

J'étais fort intrgiué.

Sa femme lui parla alors. Elle semblait le dissuader d'un dessein quelconque.

Je comprenais de moins en moins.

Enfin, Savo paraissant prendre une résolution dirigea vers la muraille de rocher, le canon de son revolver et lâcha la détente. Un bruit assourdissant se fit entendre, puis repercuté par les anfractuosités de la montagne, un écho surprenant parvint plusieurs fois à mes oreilles.

C'était tout simplement ce phénomène physique qu'avait voulu me montrer Savo. Il n'était pas fâché non plus, je crois, de saisir cette occasion de jouer quelque peu de son arme, et de me donner le temps de l'admirer à l'aise.

Coquetterie monténégrine.

**

Chemin faisant, j'ai le loisir d'examiner en quoi consiste l'agriculture dans la Montagne noire.

De loin en loin, on aperçoit dans le creux d'un rocher, un carré de terre soigneusement entouré de pierres formant muraille, d'où émerge une verdure indécise. On se demande d'abord le but de cet entourage. Ce n'est pas, à coup sûr, pour limiter le sol qui appartient, pour ainsi dire, à qui veut bien se donner la peine de le cultiver. Pourquoi alors ? C'est uniquement pour éviter que le peu de terre qui recouvre la roche soit emporté par le vent. Pauvre peuple ! Quand on songe que c'est pour défendre un territoire aussi ingrat qu'il a versé tant de sang depuis des siècles, on ne peut s'empêcher d'admirer cet amour de la patrie qui ne s'est laissé abattre par aucune lutte, par aucun revers, par aucune souffrance.

*
* *

Nous avons laissé Niegous depuis trois heures. La route semble de plus en plus dure. J'ouvre les yeux à chaque instant espérant toujours apercevoir Cettigné, mais, comme sœur Anne, je ne vois rien venir.

Je consulte ma montre. D'après les indications que m'a données M. Ramadanovich, nous devons cependant approcher.

Enfin Savo m'appelle, étendant le bras devant lui. Je regarde et distingue tout au bas de la montagne quelques habitations, bien loin, au milieu d'une plaine. C'est Cettigné, paraît-il.

Nous marchons encore longtemps. Les maisons avaient disparu derrière une colline : puis, je les aperçois à nouveau, mais nous n'y touchons point. Tant s'en faut.

Une demi-heure après seulement, nous descendons une dernière montagne qui aboutit à l'extrémité d'une vaste plaine : Cettigné s'élève au milieu.

Quelle satisfaction ! Quel soulagement !

Il reste encore un quart d'heure de chemin, mais cela devient insignifiant, car nous nous engageons dans une route plane fort acceptable. C'est le tronçon de la fameuse route carrossable. Elle traverse la plaine de Cettigné et conduit à la ville même.

Cette plaine, de forme à peu près ovale, simule assez exactement une cuvette, bordée qu'elle est d'une ceinture de montagnes élevées qui la ferment complètement et paraît, au premier abord, en rendre l'accès impraticable.

Elle est nue, inculte, et vaste comme neuf ou dix fois le Champ de Mars.

Nous laissons à gauche un hameau distant de Cettigné de quelques minutes, Baïtz, puis nous nous dirigeons en droite ligne vers la capitale.

Avant d'arriver on aperçoit, à droite, une construction isolée. C'est la poudrière. A gauche, un petit tumulus surmonté d'une croix. C'est un monument commémoratif élevé à la mémoire de quelques Serbes qui périrent pendant la guerre de 1862.

Quel est, à notre droite, ce petit édifice devant lequel une vingtaine de Monténégrins circulent paisiblement? C'est la prison et ces Monténégrins ce sont les prisonniers. Prisonniers bel et bien, mais prisonniers sur parole, suivant la coutume du pays.

C'est de cette façon que sont *enfermés* tous les condamnés et il n'y a pas d'exemple, assure-t-on, qu'un d'eux ait pris la fuite. On les retrouve tous exactement le soir à l'heure du coucher.

Voilà un moyen commode de simplifier le système pénitentiaire, mais je doute qu'il puisse jamais s'acclimater chez nous.

*
* *

Enfin, nous arrivons à Cettigné. Quelle déception pour le malheureux étranger qui n'aurait pas été prévenu de ce qui l'attendait! Peut-on se représenter une capitale semblable? Est-il possible de supposer une ville aussi nulle? Nous ne le croyons pas. Quelle que soit l'idée qu'on en ait pu se faire, on est certainement déçu.

En France, Cettigné ne serait pas même un village, ce serait un hameau.

La ville est composée de deux rues en forme de croix.

7

La principale est le prolongement de la route. Elle aboutit à l'auberge ou *locanda*, construction à un étage qui termine la ville. C'est une exception qu'une maison à un étage. Presque toutes n'en possèdent pas du tout. Ce sont de simples chaumières composées d'une seule pièce qui sert à la fois de salle à manger, de cuisine, de chambre à coucher et d'écurie.

Je ne dirai pas de salon, car on ignore même à quoi pourrait bien servir la pièce qui porte ce nom.

Toutes les maisons sont bâties grossièrement au moyen de pierres jointes par de la terre mouillée; le ciment et le plâtre font complément défaut. La plupart sont couvertes de tuiles, mais de tuiles placées simplement les unes à côté des autres et qu'on est forcé de maintenir en place, en les recouvrant de pierres plates et suffisamment lourdes.

Dans beaucoup de maisons, la porte sert de fenêtre ou la fenêtre sert de porte, comme on voudra. L'habitant des lieux ne s'est pas donné la peine de percer deux issues puisqu'une seule, à la rigueur, peut suffire.

Cettigné contient environ 90 à 100 habitations, renfermant un millier d'âmes. La longueur de la ville est à peu près de 300 mètres, sur 100 de large.

La seule construction qui présente un aspect à peu près civilisé, c'est le palais. On dirait une maison bourgeoise des environs de Paris. Pas d'architecture, pas d'élégance ; c'est une grande habitation carrée, entourée de murs.

A sa droite, se trouve l'ancien palais, habité jadis par Danilo, le prédécesseur du prince actuel.

Le *Bigliardo* (c'est ainsi qu'on nomme ce palais) doit son nom à l'effet prodigieux que causa jadis l'arrivée à Cettigné d'un billard (en italien Bigliardo) destiné au prince Danilo. Cinquante hommes furent employés à son transport.

Le Bigliardo, abandonné, décrépit, tombe peu à peu en ruines. On y a installé quelques bureaux, ainsi qu'une petite imprimerie. Il sert aussi de salle de séance au Conseil d'État.

La demeure de l'évêque, le monastère, est adossée à une montagne énorme, le Lovchen dont nous aurons à parler bientôt. C'est un édifice composé de deux cloîtres superposés, d'une petite église et de divers bâtiment servant d'école.

En face du monastère, de l'autre côté de la plaine, isolé, adossé également à la montagne, se trouve l'hôpital. On ne pouvait choisir un plus détestable emplacement pour élever un établissement de cette nature. Exposé en plein midi, un soleil torride l'embrase pendant l'été; l'hiver, les vents viennent s'y engouffrer avec plus de force que partout ailleurs. On reconnaît bien, à ce choix, l'esprit peu pratique des Monténégrins.

A l'extrémité de la ville, à côté de la locanda, cette vaste construction rectangulaire, c'est l'institut de jeune filles fondé par l'impératrice de Russie, en 1870, et dirigé depuis cette époque, avec un rare dévouement, par deux demoiselles russes, mesdemoiselles Patzevitch.

Enfin, cette petite tour perchée sur le flanc d'une colline au-dessus du monastère, c'est la célèbre Tour des Crânes, qui rappelle tant de sinistres souvenirs. C'est là qu'étaient exposées, jadis, les têtes des Turcs tués à la guerre. On a renoncé aujourd'hui à cette coutume et la tour a été transformée en clocher.

***

Mais je borne là, pour l'instant du moins, ce coup d'œil sommaire donné à la capitale du Monténégro.

Veuillez me permettre, chers lecteurs, de descendre de cheval, de respirer, et de serrer la main du docteur Feuvrier, médecin du prince, qui est venu à me rencontre ; le seul Français qui réside au Monténégro.

J'arrêterai donc ici ma courte description. Destiné que je suis à faire dans la principauté un long séjour, j'aurai tout le loisir de faire assister le lecteur aux particularités qui pourront l'intéresser. J'ai l'intention, du reste, de ne plus transcrire au jour le jour mon carnet de voyage. Mes renseignements y gagneront en clarté et en précision. De plus, les mêmes faits devant se présenter tous les jours pendant de longs mois, je n'ai pas l'intention d'en fatiguer quotidiennement le lecteur. Mon séjour a été assez monotone et fastidieux pour que j'évite soigneusement, si je le puis, de faire partager cette monotonie au lecteur.

Qu'on me permette donc d'aller surveiller le débarquement de mes bagages, leur installation dans la chambre de la locanda, qui m'est provisoirement destinée et aussi de me rendre chez mon ami Feuvrier, où tout en débouchant une vieille bouteille de vin de France qu'on dégustera avec tout le respect dû à son grand âge, je vais pouvoir causer en français, de la France, avec un Français.

C'est une satisfaction que je n'ai pas éprouvée depuis un mois. J'ai hâte d'en jouir, et ceux qui se sont trouvés dans une situation analogue comprendront aisément mon empressement.

CHAPITRE VII

Quelques mots d'histoire. — Pierre Ier et Bonaparte. — Pierre II. — La vendetta. — Le Lovchen. — Danilo. — Son mariage. — Le code. — Assassinat de Danilo. — Nicolas Ier. — Le Monténégro. — Sa population. — Une conquête inutile. — La langue serbe. — Le Monténégrin; ses vertus et ses défauts. — La femme. — Sa condition. — Vêtements et armes.

Depuis mon retour du Monténégro, j'ai été frappé du petit nombre d'études qui ont été faites sur ce pays, intéressant cependant à tant de points de vue et qui s'est trouvé mêlé à tant d'événements historiques retentissants.

Les travaux qui existent en France sont

généralement incomplets ou remontent à de trop longues années.

Il en résulte que ce coin de l'Europe reste inconnu de bien des gens, et tout le bruit qui s'est fait autour de lui, dans ces derniers temps, n'est pas parvenu à dissiper le voile de mystère qui l'a toujours entouré. On n'aperçoit le Monténégro qu'au travers d'une série de légendes poético-héroïques qui en donnent l'idée la plus inexacte qu'il soit possible.

Ces opinions erronées, nous nous efforcerons de les détruire en racontant simplement ce que nous avons vu, en décrivant le Monténégro tel qu'il est.

* *

Il est d'usage, avant de parler d'un pays, de rappeler son histoire.

CHAPITRE VII

Depuis mon retour du Monténégro, j'ai été frappé du petit nombre d'études qui ont été faites sur ce pays, intéressant cependant à tant de points de vue et qui s'est trouvé mêlé à tant d'événements historiques retentissants.

Les travaux qui existent en France sont

généralement incomplets ou remontent à de trop longues années.

Il en résulte que ce coin de l'Europe reste inconnu de bien des gens, et tout le bruit qui s'est fait autour de lui, dans ces derniers temps, n'est pas parvenu à dissiper le voile de mystère qui l'a toujours entouré. On n'aperçoit le Monténégro qu'au travers d'une série de légendes poético-héroïques qui en donnent l'idée la plus inexacte qu'il soit possible.

Ces opinions erronées, nous nous efforcerons de les détruire en racontant simplement ce que nous avons vu, en décrivant le Monténégro tel qu'il est.

*
* *

Il est d'usage, avant de parler d'un pays, de rappeler son histoire.

Je me permettrai de déroger à la tradition, persuadé que le lecteur m'en saura gré, car il se soucie bien plus de connaître ce qui se passe actuellement chez le peuple dont on lui parle que d'apprendre ce qui s'y est passé à une époque lointaine.

Les luttes perpétuelles des habitants de la Montagne Noire contre les Turcs remontent aux premiers siècles. Les passer en revue, même succinctement, exigerait un volume entier. Qu'il suffise donc de se rappeler que le Monténégro fut gouverné dès les temps les plus reculés par des princes (vladikas), qui étaient en même temps chefs du pouvoir spirituel et du pouvoir temporel.

Le vladika Pierre Ier, sacré en 1784 et qui régna jusqu'en 1830, est un de ceux qui ont laissé dans le pays les souvenirs les plus héroïques, tant par son courage indomptable que par sa simplicité et sa bonté, ajoute-t-on. Des écrivains slaves l'ont comparé à la fois à Louis XIV, — ce dont nous ne lui ferions pas notre compliment — et à saint Louis, ce qui ne vaudrait guère mieux.

C'est Pierre Ier qui assista, pendant son long règne, à la période la plus intéressante, sans contredit, et la plus héroïque de l'histoire du Monténégro.

La république de Venise rayée en 1797 du nombre des Etats européens occasionna, par sa chute, la cession à l'Autriche des Bouches de Cattaro, cession opérée en vertu du traité de Campo-Formio. L'insatiable Bonaparte convoita ce territoire. Ses troupes débarquèrent en Dalmatie. Pierre Ier descendit de ses montagnes, et, de concert avec les Russes, combattit l'armée française commandée par Marmont et Lauriston, auxquels il fit subir plus d'un échec sanglant. Napoléon, irrité de la résistance des Boccésiens, ordonna de mettre à feu et à sang le pays de Pierre Ier, disant que la Montagne Noire pourrait bientôt s'appeler la montagne rouge. Napoléon échoua dans son sinistre projet.

Débarrassé des Français, Pierre Ier eut à lutter contre les Turcs. Les succès qu'il remporta contre eux pendant les dernières années de son règne sont innombrables.

Le neveu de Pierre Ier succéda à son oncle sous le nom de Pierre II. Il s'appliqua principalement à adoucir la férocité de ses compatriotes. Il fit disparaître, en partie, grâce à une répression sévère, la plupart des coutumes cruelles alors en honneur, telles que la vendetta héréditaire, qui faisait à cette époque de nombreuses victimes.

Pierre II fut enterré au sommet d'un des pics des plus élevés de la Montagne Noire, le Lovchen, se dressant non loin de la plaine de Cettigné qu'il domine de quatre à 500 mètres. Il avait recommandé expressé-

ment que son corps fût inhumé en cet endroit, afin de pouvoir reposer « *entre le ciel
et son cher pays* ». Le tombeau existe toujours. De Cettigné, on l'aperçoit confusément, dominant audacieusement, toutes les
crêtes voisines.

Le voyageur qui ne redoute pas de se ris-
quer jusqu'en cet endroit ne regrette point
son ascension, si pénible et si dangereuse
qu'elle soit. Elle nécessite une demi-journée
de marche, quand on part de Cettigné. La
première partie du voyage est à peu près
possible ; mais la seconde est si ardue,
qu'elle a découragé plus d'un explorateur.
Tout au sommet, il existe, particulièrement,
une certaine crête furieusement étroite qui
prête à réflexion. Elle aboutit à un rocher
perpendiculaire, autour duquel a été ménagé
une sorte d'escalier imparfait, dont je ne
recommanderai pas volontiers l'ascension
aux personnes accessibles au vertige. Ce

pas périlleux franchi, quelques minutes suffisent pour atteindre le tombeau qu'on aperçoit, bordé d'un effroyable précipice.

Je disais tout à l'heure que le voyageur ne regretterait pas, à son arrivée, les efforts auxquels il aurait dû se livrer. Impossible, en effet, de concevoir un spectacle aussi prodigieux. Le regard embrasse tout le Monténégro, les frontières de la Bosnie et de l'Albanie, les Bouches de Cattaro et l'Adriatique. La multitude de pics qui s'étendent, sans interruption, à plusieurs lieues autour de vous, rappelle cette très exacte comparaison venue à l'esprit de la plupart des voyageurs qui ont visité le Monténégro : « On dirait une mer en fureur dont les vagues auraient été subitement pétrifiées ».

L'impression est exacte. Elle donne une idée à peu près juste de ce spectacle, s'il est possible pourtant — ce dont je doute — de se représenter par la pensée, sans les avoir contemplés, ces horizons inouïs dont le Monténégro pullule.

Mais revenons à Pierre II ou plutôt n'en parlons plus, puisque nous venons de l'enterrer. Selon la règle, son successeur fut son neveu Danilo. Il n'en pouvait être différemment, les vladikas étant astreints au célibat.

Danilo le premier — et c'est là le point saillant de son règne — voulut se débarrasser du pouvoir spirituel. Il y réussit et ne régna plus que comme chef civil et militaire. Ce fut tout une révolution dans les mœurs du pays que de rompre brusquement avec un usage consacré aussi solidement par la tradition. On s'y habitua, cependant, assez facilement et Danilo put épouser — c'était d'ailleurs son objectif — la fille d'un banquier triestin, Darinka Kuechich, connue, depuis, sous le nom de princesse Darinka.

Un des titres les plus sérieux de Danilo à

la reconnaissance de son pays est la confection d'un code dont il fut l'inspirateur. Danilo s'attacha particulièrement à combattre le vol, qui prenait d'effroyables proportions.

« Si un voleur, disait-il dans son code, est pris sur le fait, il sera, à la troisième fois, condamné à mort.

» Si un Monténégrin tue le voleur, au moment où il commet le crime, il recevra une récompense de vingt taris. Cependant chacun doit avoir bien soin de ne pas frapper un innocent, car il devra alors répondre à la justice comme assassin.

» Si le vol a été commis avant le publication de ce code, le coupable pourra indemniser le volé avec de l'argent ; mais s'il s'en commet d'autres après la publication, chaque voleur sera bâtonné, savoir : celui qui vole des armes, cent coups ; pour un bœuf ou un cheval, cinquante ; pour un poulain, comme pour un bœuf; pour vol dans la maison ou autres petits vols, jusqu'à un mouton, vingt. En sont exceptés les enfants qui déroberaient quelques objets à la maison, ainsi que les personnes imbéciles.

» Celui qui volera l'Eglise sera puni de mort.

» Celui qui volera les munitions de l'Etat, fût-ce la première fois, sera puni de mort; il en sera de même de ceux qui, soit ouvertement, soit autrement, exporteraient des munitions de guerre ».

Ce code, d'une rédaction naïve et bien peu juridique, produisit et produit encore d'excellents résultats. Il se dégage, en effet, de l'ensemble des dispositions ci-dessus une sévérité telle que le Monténégro est devenu — et cela étonnera peut-être — un des pays où l'on a certainement le moins à craindre des voleurs.

*
* *

Danilo mourut assassiné.

Pendant l'été de 1860, il s'était rendu aux bains de mer de Cattaro. Un soir, se promenant avec sa femme, à la Marine, il fut frappé à mort d'un coup de pistolet tiré à bout portant. L'assassin, nommé Kadich, fut pendu. Il avait été banni de la Principauté par Danilo et c'est, paraît-il, à la suite de son bannissement qu'il avait conçu pour le prince une haine violente. Au surplus, nous croyons que les motifs qui ont armé la main de Kadich n'ont jamais été complètement connus. Nous ne prétendons donc pas trancher d'une façon définitive une question encore pendante. L'opinion que nous venons d'exprimer est simplement celle qui est le plus généralement acceptée.

Pour une fois qu'un souverain Monténégrin avait pris femme, il eut été au moins
naturel qu'il pût léguer sa couronne à un
héritier direct. Il en fut cependant autrement. Danilo n'ayant eu qu'une fille de son
mariage avec la princesse Darinka, dut
comme ses prédécesseurs se contenter d'un
neveu.

Ce neveu, c'est le prince actuel, Nicolas.
Il était, à la mort de son oncle, âgé de dix-
neuf ans. Son père le seconda puissamment
dans ses débuts au gouvernement. La veuve
de Danilo lui offrit aussi le concours de ses
lumières, mais les relations ne tardèrent
pas à devenir fortement tendues entre Nicolas et la princesse Darinka qui prétendait
trop impérieusement imposer sa volonté et
partager avec le prince le gouvernement,
comme elle le faisait du vivant de son
mari.

La princesse, mécontente, quitta le Monténégro avec sa fille Olga. Elle se fixa à Venise, où elle réside encore.

Nicolas resta seul avec son père, Mirko, frère de Danilo.

Ce Mirko mériterait une étude toute spéciale. C'est une figure des plus pures et des plus nobles de l'histoire du Monténégro. Sa valeur, son désintéressement imposent le respect. C'était un guerrier, un guerrier de l'antiquité, égaré dans les temps modernes ; ses vertus n'étaient pas de son époque : il trouva le moyen de passer pour un héros dans un pays de héros. Les services signalés qu'il rendit à sa patrie sont innombrables. Il en est de même des victoires qu'il remporta à la tête des armées monténégrines et quand je dis « à la tête » ce n'est point une façon de parler. Mirko ne comprenait pas d'autre place pour un général. Le sabre à la main, il marchait toujours le premier et luttait corps à corps contre l'ennemi, sans souci de sa personne.

Une de ses victoires les plus remarquables fut celle qu'il remporta sur l'armée d'Hussein-Dahim pacha, le 13 août 1858, dans la plaine de Grahovo. Le lieu du combat est resté célèbre.

Mirko fut surnommé l'Epée du Monténégro. Il mourut du choléra lors de l'épidémie de 1867. Sa mort fut un désastre. On la déplora d'autant plus que Mirko qui avait foulé victorieusement tant de champs de bataille n'eut pas le bonheur de tomber sur l'un d'eux. Quelle déception chez un peuple où ce qu'on peut souhaiter de plus funeste à un ennemi, c'est de le voir mourir dans son lit !

*
* *

Laissons pour un moment le prince Nicolas et Mirko et parlons de leur pays.

Ce pays que nous appelons Monténégro, les Italiens l'appellent *Montenero* et les habitants *Tsernagore*. Ces appellations signifient toutes trois : Montagne Noire.

On a prêté à cette dénomination des origines multiples.

Des savants, inoccupés sans doute, se sont récréés à compulser de vieux bouquins dans lesquels ils ont cru trouver une analogie entre le mot Tsernagore et le nom d'une vieille famille slave qui aurait donné son nom au pays. C'est aller chercher bien loin ce qu'on peut trouver bien près ; pour quiconque a aperçu les pics sinistres du Monténégro, point n'est besoin d'apprendre l'origine du mot : d'un coup d'œil, il a découvert ce que les savants ont mis des siècles à chercher... sans trouver. « Montagne Noire », cela dit tout.

Depuis la dernière guerre d'Orient, le Monténégro a considérablement accru son

territoire. Sa superficie qui n'était que de
4,405 kilomètres, a été portée par le traité
de Berlin à 8,655 kilomètres, soit à peu
près le double. La population, par exemple,
ne s'est pas accrue dans des proportions
analogues, l'émigration ayant été considérable. On peut évaluer à 200 ou 250 mille le
nombre actuel des habitants, mais ce chiffre
ne peut être qu'approximatif, les recense-
ments étant, au Monténégro, aussi inconnus
qu'impraticables. Je me garderai donc de le
garantir bien que personne ne puisse le dé-
mentir, le prince lui-même ignorant certainement si ce chiffre est inexact et dans
quelles proportions.

Les géographes n'ont pas hésité cependant à trancher la question. Ils se sont con-
tenté, pour la plupart, de prendre chez leurs
devanciers le chiffre indiqué pour la population et de l'augmenter de quelques
mille suivant le nombre d'années auquel

remontait l'ouvrage, se basant sur cette vérité théorique que, dans chaque pays, le
chiffre de la population tend à suivre,
chaque année, une marche ascendante.

Les voyageurs n'ont pas été mieux ren-
seignés que les géographes en chambre. Ils
ont questionné en effet quelque fonction-
naire du pays, beaucoup moins soucieux de
la vérité que désireux de donner au visiteur
une haute opinion de la Principauté.

* *

La Tsernagore qui ne possédait, encore
tout récemment, aucun port de mer, a été
dotée d'Antivari, situé au sud de Cattaro.
On a considéré cette conquête comme pré-
cieuse pour le pays ; on s'est trompé : avec
ou sans port de mer, le Monténégro est destiné à demeurer dans la même situation pré-

caire. A qui, en effet, peut profiter un port?
A ceux qui sont à même d'y embarquer des
marchandises. Or, les maigres récoltes de la
Montagne Noire suffisent à peine à ses
besoins. A défaut d'exportation, on pourrait
utiliser un port pour l'importation, mais, en
ce cas, il faudrait que le pays possédât assez
d'argent pour faire des achats au dehors.

Or, dans tout le Monténégro, il ne se
trouve pas — et je n'exagère aucunement —
plus de douze à quinze habitants, y compris
le prince et ses ministres, qui possèdent
assez de fortune pour ne pas se contenter
uniquement des ressources du sol.

Dans cette situation, un port devient parfaitement sans objet. C'est pourquoi Antivari
ne sera pas plus utile aux Monténégrins que
les Monténégrins ne seront utiles à Antivari.

L'absence des moyens de communication sera, de longtemps encore, un des obs-

tacles les plus sérieux à la prospérité du Monténégro.

Il existe, dans l'intérieur des terres, quelques forêts et des mines de houille dont l'exploitation pourrait être fort productive. Mais comment procéder à cette exploitation? On serait réduit à transporter les bois ou la houille à dos de femmes ou de mulets, dans l'un des ports du littoral, tous distants de 3 ou 4 journées de marche. Les frais de transport dépasseraient de beaucoup le prix de vente.

L'état de choses actuel ne promet guère, malheureusement, une solution prochaine. Le Monténégro, livré à ses propres ressources, est incapable de trouver une somme suffisante pour l'exécution de routes fort coûteuses. Il est vrai de dire aussi qu'il s'en soucie médiocrement. Il n'ignore pas, en effet, qu'à un moment donné, les routes carrossables peuvent devenir des routes stratégiques.

L'Autriche, qui surveille depuis longtemps la Principauté, pourrait bien un jour — et tout porte à croire que tel est son but — chercher à prolonger vers le sud ses possessions, en occupant d'abord le Monténégro et en se frayant ensuite un chemin jusqu'à la mer Egée.

*
* *

Les Monténégrins appartiennent à la grande famille slave. Ils parlent une langue dite serbo-croate, commune à la Serbie, au Monténégro, à la Croatie et à la Dalmatie. Cette langue s'écrit avec les caractères cyrilliques, comme le russe, qui présente, d'ailleurs, avec elle une analogie considérable.

Il n'existe pas, chez le Monténégrin, un type ethnographique spécial. L'habitant de la Montagne Noire est de taille moyenne, mince, ou plutôt maigre. L'obésité est inconnue. Le nez est aquilin, l'œil bleu ou gris, les cheveux châtains, les dents blanches et bien rangées. La souplesse des membres est excessive ; l'habitude de gravir perpétuellement les rochers donne au jarret une prodigieuse agilité. Il faut voir le Tsernogortse montant ou descendant le versant d'une colline, franchissant les rochers les plus abrupts, sans que ses pieds paraissent toucher le sol. Le corps rebondit comme une balle de caoutchouc et se maintient constamment dans un équilibre parfait, en dépit de toutes les aspérités de la route.

Le Monténégrin est éminemment courageux, principalement dans la classe la moins cultivée, dans celle qui a su conserver les vertus primitives de la race, sans frayer avec la civilisation dont elle aurait emprunté

8.

les vices et laissé les vertus, ainsi que cela se produit le plus souvent.

La guerre, pour le Tsernogortsé, constitue les trois quarts de l'existence. C'est, à la fois, un devoir et un gagne-pain. Longtemps il n'a vécu que du produit des rapines opérées au cours des incursions sur le territoire ottoman. Aujourd'hui, ce système a dû se modifier, la nature des relations avec la Turquie prohibant de semblables procédés.

La paresse est le trait caractéristique du Monténégrin. Il se croirait déshonoré s'il exerçait une profession manuelle ; c'est tout au plus s'il consent à ensemencer son petit champ. Il se refuse absolument à tous les autres travaux. Les tailleurs, cordonniers, chaudronniers, etc., qui sont établis au Monténégro sont tous ou Dalmates ou Albanais. Ils sont tenus à l'écart par les Monténégrins qui leur interdisent le port des armes.

Cet orgueil ridicule qui empêche le Tsernogortse d'exercer aucun métier est certainement l'une des causes les plus réelles de sa misère. Le peu d'argent qu'il possède, il est, en effet, forcé de le faire passer aux mains d'étrangers dont il est le tributaire immédiat, même pour les objets de première nécessité.

On peut se demander comment le Monténégrin réussit à vivre en conservant une oisiveté quasi-absolue. C'est presque un problème. Il est vrai que son existence est si misérable qu'on peut se l'expliquer jusqu'à un certain point. Un pain de maïs et quelques oignons composent la nourriture quotidienne du plus grand nombre.

Le Monténégrin passe pour sobre. Il l'est, en effet, mais moins par vocation que par nécessité.

On peut s'en convaincre les jours de grande fête où le prince fait procéder à des distributions gratuites d'eau-de-vie. Le soir, on est assuré de rencontrer bon nombre d'habitants trébuchant d'un façon significative ; et pour arriver à ce résultat il leur a fallu, certes, une sérieuse absorption de liquide, car le Monténégrin, puissamment bâti, supporte à merveille et les privations et les excès.

Le sentiment exagéré que le Monténégrin possède de sa propre valeur n'est pas sans lui communiquer une confiance en lui-même, qui se révèle autant dans ses actes que dans son allure souvent affectée, théâtrale même. Il se sent capable de tout et prêt à tout. Son courage n'est ni calme, ni raisonné ; il est irréfléchi et s'exalte facilement par les encouragements, les éloges, le souci de sa réputation qu'il considère comme universelle et qui est, en effet, légendaire.

A la guerre, le Monténégrin est barbare. Ses vieilles habitudes de cruauté n'ont point disparu et si l'on n'expose plus à la Tour des crânes les têtes des ennemis, on ne les coupe pas moins. Durant la dernière guerre d'Orient, il s'est produit un fait probant :

A la bataille de Fundina, près Podgoritza, l'armée du prince Nicolas avait reçu l'ordre de ne faire aucun prisonnier. Qu'en résulta-t-il? Tous les ennemis qui arboraient le drapeau blanc étaient immédiatement mis à mort. Le carnage fut terrible : six mille hommes furent passés par les armes.

Le Monténégrin n'est cruel qu'à l'égard des Turcs. Dans son esprit, un Turc n'est point un être humain, et tout est permis à son endroit. Celui-ci, d'ailleurs, professe à l'égard des Monténégrins une opinion absolument identique ; ce pacte de haine mutuelle remonte aux temps les plus reculés. Il est scellé par le souvenir toujours vivace de luttes incessantes et par une soif ardente de vengeance, qui durera — quoi qu'on

puisse tenter — tant qu'il existera une Turquie et un Monténégro.

Le Tsernogortse est doux et hospitalier
envers les étrangers ; nous avons dit que le
voyageur se trouvait au Monténégro en sû-
reté plus qu'en aucun autre endroit : c'est l'absolue vérité. On n'a pas d'exemple d'un étranger assassiné et dépouillé par un Monténégrin, et pourtant rien ne serait aussi aisé, à
travers ces sentiers interminables, où l'on ne
rencontre pas un être humain. Le meurtrier
serait assuré de l'impunité, tant sa recherche
deviendrait impraticable.

Et cependant, chose bizarre, les voyageurs ont presque tous éprouvé un sentiment de confiance et de sécurité, plutôt par
intuition que par raisonnement, il faut le
reconnaître, car, à défaut d'un Monténégrin,
il pourrait fort bien se rencontrer un Albanais, qui serait moins scrupuleux sur le
chapitre de l'honnêteté.

Le Monténégrin subit facilement l'influence de l'autorité ; il est respectueux de ses chefs, pourvu que ceux-ci s'attachent à le dominer. Admirez un Monténégrin, il vous méprisera ; méprisez-le, il vous admirera. Les chefs sont donc toujours obéis, mais, principalement, quand ils ordonnent de ne rien faire. En matière d'abstention, le Monténégrin est scrupuleusement dévoué aux ordres qu'il reçoit.

Autant la franchise est inconnue dans la Montagne Noire, autant la finesse et la ruse y sont en honneur. Les Tsernogortses se piquent d'être non seulement des guerriers, mais des diplomates.

Comme les Turcs, ils disposent, en effet, d'une force toute puissante, la force d'inertie, contre laquelle viennent se briser les efforts les mieux combinés.

Les sujets du prince Nicolas utilisent à merveille leur diplomatie : elle éclate dans

tous les actes de la vie, même les plus insi-
gnifiants.

Ce qui distingue encore le Monténégrin, c'est une imprévoyance, une insou-
ciance sans limites. Sa maison devrait-elle
s'écrouler faute d'une réparation infime,
il ne songera jamais à y procéder que
lorsque la catastrophe sera survenue.

L'esprit du Monténégrin est réfractaire à
tous les arts; c'est à peine si l'on connaît de
nom la peinture, la sculpture, le dessin et
même l'architecture, car il n'existe pas dans
tout le pays une seule construction digne de
fixer l'attention.

La musique se réduit à des proportions si
minimes que ce serait véritablement faire
injure à l'art de Beethoven que de lui assi-
miler l'opération barbare qui consiste à
racler, au moyen d'un archet, sur un instrument ridicule, sorte de guitare monocorde,
la gussla, dont le son ne peut être plus exac-

tement comparé qu'au bourdonnement d'une très grosse mouche.

C'est en s'accompagnant du bruit de cette gussla que le Monténégrin chante, à la veillée, sur un rhytme toujours uniforme, quelques-uns de ces poèmes ou *piesmas* dans lesquels sont célébrés les hauts faits des ancêtres. Les piesmas, empreints d'un sentiment poétique, faux et exagéré, constituent la seule littérature du pays, et encore la plupart de ces chants n'ont-ils jamais été écrits; ils se sont transmis, de vive voix, de père en fils.

L'instruction est peu répandue. Il est à remarquer néanmoins que le Monténégrin profite considérablement de ce qu'il lui est donné d'apprendre. Il possède, au suprême degré, la faculté d'assimilation.

Son esprit est merveilleusement ouvert, spécialement à l'étude des langues. Le Tsernogortse parvient à les parler avec un accent insensible, mais la connaissance de plusieurs langues ne se constate que dans les hautes sphères, chez les personnes qui entourent le prince. La population parle uniquement le serbe et quelquefois un italien corrompu, l'italien de la Dalmatie. Il n'existe guère au Monténégro que huit à dix individus s'exprimant en français.

****

La femme tsernogortse mène une existence misérable.

Sa naissance est son premier malheur. Sa mort son premier bonheur.

Le Monténégrin ne voit dans sa femme qu'une bête de somme, un instrument de travail. Il ne s'occupe d'elle que pour lui ordonner une besogne dont elle n'est jamais remerciée. Toutes les joies, toutes les douceurs du foyer sont inconnues à la femme qui doit se livrer à tous les travaux les plus pénibles, pendant que son mari oisif se promène, ou fume tranquillement sa pipe sur le pas de sa porte.

L'état d'infériorité absolue dans lequel elle est maintenue, donne à la Monténégrine une timidité, une crainte, une tristesse excessives. Elle redoute toujours de ne pas passer suffisamment inaperçue.

Physiquement, la Tsernogortse est dénuée de toute élégance. Tout, dans son allure et sa démarche, révèle les durs labeurs auxquels elle est astreinte. La coquetterie, ce défaut aimable, entre tous, des femmes de nos pays existe peu au Monténégro. Pourquoi, d'ailleurs, existerait-il ? Les maris ne se préoccupent aucunement de la mise de leurs femmes.

On rencontre quelquefois au Monténégro des femmes remarquablement belles, mais c'est l'exception ; le visage de la plupart est insignifiant et sans caractère. Les unes sont brunes, les autres blondes : beaucoup sont châtaines. Après ce renseignement, pourtant fort exact, distinguez, si vous le pouvez, les Monténégrines des autres femmes.

Un Tsernogortse ne sortira jamais en compagnie de sa femme : il encourrait, s'il était vu, le ridicule de tous. S'il la rencontre, il l'évite ou passe à côté d'elle sans lui accorder un regard. Jamais un Monténégrin ne demandera à un ami des nouvelles de sa femme. Ce serait une plaisanterie de très mauvais goût.

La Monténégrine ignore complètement les faits et gestes de son mari. Si celui-ci part en voyage, il ne prévient pas sa femme et ne lui adresse aucune lettre. Il la tient constamment à l'écart, même s'il vient à tomber malade. En ce cas, ce n'est pas elle qui doit lui prodiguer ses soins, ce sont des parents ou des amis. Enfin, trait caractéristique, au Monténégro, la parenté des femmes n'est reconnue en aucun cas.

Qu'on ne suppose pas que ces coutumes soient en honneur seulement parmi la populace.

Les personnages de la cour, par exemple, qui ont cependant, pour la plupart, habité des milieux civilisés ne consentiront pas non plus à se montrer en public à côté de leurs femmes. Au palais même, la princesse, la seule femme de tout le Monténégro qui ne subisse pas la condition des autres, la princesse, disons-nous, ne figure qu'exceptionnellement dans les réceptions et les dîners officiels. La cour croirait manquer d'égard envers ses invités si elle permettait à des femmes de prendre part au dîner. Cette permission ne leur est accordée que dans les repas intimes.

La *moitié*, on le voit, est fort mal parta-
gée dans la Montagne Noire.

*   *
*

Nulle part mieux qu'au Monténégro, le
vêtement ne personnifie l'homme qui le
porte. Cet amoncellement de broderies d'or
et d'argent, ce luxe d'armes éclatantes enri-
chies de pierres fines, tout dénote la vanité.

Il faut voir le Monténégrin, revêtu de ses
plus somptueux vêtements, un jour de cérémonie. Son air suffisant, les regards de
dédain qu'il jette à celui qui a le malheur
de posséder quelques broderies de moins
que lui, tout indique le prix immense qu'il
attache au luxe de sa toilette.

Un Monténégrin qui renoncerait au costume traditionnel cesserait d'être Monténégrin. On ne se figure pas plus le costume

sans l'homme que l'homme sans le costume.
Mais, d'ailleurs, dans toute la Principauté,
personne n'a jamais songé à le délaisser et
le Monténégro est même, à coup sûr, le seul
pays d'Europe où le vêtement primitif se
soit conservé intact et soit porté encore par
la population tout entière.

C'est une dépense sérieuse que l'achat
d'un vêtement. Il n'est pourtant personne
qui ne trouve l'argent nécessaire à cet
achat. Devrait-il se priver du nécessaire
pendant plusieurs années, le Tsernogortse,
éminemment patient, attendra, mais finalement achètera ses habits.

Un vêtement coûte aisément plusieurs
centaines de francs. Certains atteignent
1,800, 2,000 francs et plus. Ce capital immo-
bilisé n'est même pas une des moindres
causes de la pauvreté au Monténégro.

Nous avons décrit précédemment les parties principales du vêtement monténégrin,

la gougne (tunique), le djamadan (gilet) et le gatchié (pantalon); nous avons parlé aussi de la chaussure, l'opanké, de la toque ou kapa, des guêtres, etc. Mais en dehors de ces parties essentielles, les Monténégrins ont imaginé une infinité d'oripeaux plus ou moins riches.

C'est d'abord le yelek, veste en drap rouge, sans manches, qui se porte sur la gougne, ou bien le yaketa, sorte de yelek, à manches ouvertes dans presque toute la longueur du bras. Ce vêtement peut atteindre à lui seul un prix inestimable.

L'opanké, la chaussure nationale et la molletière de feutre ou dokoliénitsé, ne sout portés que par ceux qui ne peuvent s'offrir une paire de bottes. Il est vrai que c'est l'immense majorité.

Le prince et les gens de la cour sont chaussés de magnifiques bottes à l'écuyère, vernies, qui, souvent, leur sont expédiées par nos meilleurs faiseurs parisiens.

Comme manteau, le Monténégrin porte la strouka, écharpe en laine brune, longue de 2 mètres environ, sur 75 à 80 centimètres de large. Les extrémités sont ornées de franges élégantes. La strouka est un vêtement de première nécessité. Elle protège le Monténégrin contre le froid, le soleil, la pluie et la neige. En voyage, elle est utilisée comme matelas, couverture, oreiller, édredon, drap de lit même.

Les grands seigneurs substituent à la strouka ces vastes rotondes en drap à large col, fort à la mode jadis sous la Restauration et sous Louis-Philippe. Ces manteaux sont généralement de couleurs éclatantes. Celui du prince, célèbre dans le pays, est d'un bleu ciel superbe ; grâce à lui, à Cettigné, on aperçoit le prince de fort loin et la population en profite pour l'attendre et le saluer à son passage.

Les armes, font, nous l'avons dit, partie intégrante du costume. Les pistolets sont souvent à pierre, mais toujours enrichis de guillochages et d'incrustations ; certains de ces pistolets atteindraient, en France, des prix inouïs, tant sont grands leur luxe ou leur ancienneté. Ce sont des armes qu'on se transmet de père en fils, comme des objets sacrés et qui sont d'autant plus rares qu'il n'y a pas d'exemple qu'un Monténégrin s'en soit dessaisi : ce serait pour lui l'opprobre éternel.

L'usage du revolver se répand tous les jours de plus en plus. On a compris que, sans mépriser les vieux pistolets de famille, on pouvait recourir, sans inconvénient, à des armes nouvelles, autrement précieuses en temp de guerre.

Les revolvers des Tsernogortses sont fabriqués spécialement à leur intention. Le canon ne mesure pas moins de 25 à 30 centimètres. Sans cette longueur, l'arme ne pourrait pas se maintenir dans le kolan (ceinture).

La portée d'un pareil revolver équivaut presque à celle d'une carabine.

On connaît le fameux handjard, ce coutelas à deux tranchants, trop long pour faire un poignard, trop court pour faire un sabre, que les Orientaux portent à la ceinture.

La poignée est faite de l'extrémité inférieur d'un fémur de bœuf. Le fourreau vaut souvent, à lui seul, une somme d'argent prodigieuse. Le yatagan, sabre à lame cintrée, est l'apanage des hauts dignitaires. Il provient presque toujours du butin de la guerre et porte à la poignée le croissant turc. La plupart sont fabriqués aves les célèbres lames de Damas, qui atteignent les prix de 500 et 1000 francs. Ces lames, et c'est ce qui en fait la rareté, subissaient une trempe spéciale. Quand l'acier était chauffé à blanc, au lieu de le tremper dans l'eau, on le faisait refroidir de la façon suivante : un homme, tenant la lame à la main, montait rapidement un cheval vigoureux et s'élançait à travers champs au triple galop, tenant le bras levé au-dessus de sa tête. Après une course assez longue, l'acier était refroidi. Seulement, ce mode de trempe fort inégal occasionnait, paraît-il, la rupture de beaucoup de lames, ce qui ajoutait encore à l'élévation de leur prix.

Quelques Monténégrins sont armés de carabines à aiguille ou à tabatière, mais beaucoup ne possèdent encore que ces longs fusils albanais à canon mince et à crosse plate incrustée de nacre.

Nous disions que les armes faisaient partie du costume. Nous en pourrions dire autant des décorations. Les poitrines des braves sont constellées de médailles d'or ou d'argent qui rappellent soit une grande

bataille, soit un haut fait d'armes spécial.
A côté de ces médailles militaires, beaucoup portent des croix russes que le tzar
expédie après chaque guerre. Mais la croix
la plus enviée, c'est la croix nationale, ins-
tituée par le prince Danilo au commencement de son règne. Cet ordre, dit de l'Indépendance, n'est accordé qu'avec parcimonie
et presque exclusivement aux sujets du
prince.

Les insignes en sont représentés par une
croix élégante en argent émaillé. D'un côté,
on lit la date : 1852-53, de l'autre, le nom de
Danilo Ier. Le ruban qui la porte est blanc,
bordé de rouge. Ce sont les deux couleurs
nationales.

*   *
*

Dans le vêtement féminin, le koret, dont
nous avons parlé précédemment, corres-

pond à la gougne chez l'homme. Suivant la qualité des personnes, le koret est orné de broderies d'une richesse variable.

Les Monténégrines ne portent point de corsage. Elle le remplacent par une chemise turque garnie de galons de soie ou de laine et ornée sur la poitrine de bouillonnés élégants, et, l'été, de broderies à jour.

En guise de corset, les femmes portent un horrible ustensile nommé *poias* qui tient à la fois de la ceinture et du corset. Il se porte à la taille, sur les vêtements. On ne saurait mieux le comparer qu'à un harnais. Il est haut de 10 à 12 centimètres, en cuir, recouvert de métal, cuivre, argent ou or. Son poids est excessif. Le port de cet appareil est peut-être plus pernicieux encore que celui du corset.

Les jeunes filles, comme les hommes, sont coiffées de la kapa. Lorsqu'elles se marient elles la remplacent par un voile de soie ou

* *

J'étais à Cettigné quand mourut la sœur du prince, une jeune femme d'une trentaine d'années, enlevée rapidement par une maladie de poitrine.

L'inhumation se fit au milieu d'un cérémonial inusité. Le convoi partit à dix heures du matin de la maison mortuaire pour se rendre au monastère. En tête, marchait un pope, porteur d'une immense croix de bois noir. Derrière, les gardes du palais, le fusil sur l'épaule, la musique militaire jouant une marche qu'elle s'efforçait de rendre funèbre mais qui n'était que comique, les popes récitant des cantiques, le vladika en grande tenue, coiffé de la mitre, puis le cercueil porté par six hommes. Cettigné ne possédant aucun véhicule, la compagnie

des pompes funèbres s'y trouve forcément
très mal montée en corbillards.

Derrière le corps marchaient le prince, sa
mère, le mari et la mère de la défunte,
quelques hautes dames du pays, les repré-
sentants du corps diplomatique, le ministre
résident d'Autriche, le chargé d'affaires de
Russie, tous trois vêtus de leur grand uniforme, puis le secrétaire et le médecin du
prince.

Venaient ensuite les membres du Sénat,
les voïvodes et les serdars (généraux et ca-
pitaines), enfin toute la population de la
ville. Il ne restait certainement pas dix personnes dans les maisons et encore ce devait
être des infirmes. Aucune haie, par consé-
quent, n'avait pu se former sur le passage
du convoi.

L'ensemble de cette foule bigarrée pré-
sentait un coup d'œil unique pour les ama-
teurs de pittoresque.

On sait quel luxe le Monténégrin déploie dans son costume dont on connaît les couleurs vives et variées. On se figure donc aisément l'aspect d'une semblable multitude parée de ses vêtements les plus somptueux, dont quelques-uns disparaissaient littéralement sous les broderies. C'était un scintillement perpétuel d'or, d'argent et d'acier. Les nuances les plus diverses s'unissaient sous tant d'aspects qu'on eût cru regarder à travers un kaléidoscope.

La cérémonie religieuse eut lieu à la petite église du monastère : elle fut simple. On se contenta d'entonner quelques cantiques sur un rythme fort peu lugubre, ma foi ; après quoi la famille défila devant le corps que chacun embrassa tour à tour, car la bière n'avait point été fermée.

On embrasse beaucoup, à Cettigné, même les morts ; l'accolade y remplace le serrement de main.

La cérémonie terminée, on apporta trois larges plats garnis de grains de blé décortiqué et chacun en vint prendre quelques-uns qu'on mangea en quittant l'église.

J'ai demandé à plusieurs Monténégrins la signification de ces grains de blé : aucun n'a pu me renseigner. C'est encore là une de ces coutumes dont l'origine se perd dans la nuit des temps et que les peuples conservent sans en connaître le sens.

Combien de pays parfaitement civilisés, sont, en cela, logés à la même enseigne que le Monténégro.

*
* *

Dans la Tsernagore on croirait vivre la vie des temps passés. Il semble que sur les pics inaccessibles habités par les Monténé-grins, la civilisation n'ait jamais pu pénétrer et qu'elle ait passé à leurs pieds sans arriver jusqu'à eux. Ce que les Tserno-gortses étaient il y a plusieurs siècles, ils le sont encore, et c'est un étonnement perpétuel pour le voyageur que de découvrir, en Europe, un coin de terre dont l'existence n'ait jamais été liée à celle de ses voisins, et qui, fidèle à ses traditions, à son sol ingrat, semble avoir nargué, du sommet de ses hauteurs, les efforts des autres peuples pour avancer vers le progrès.

Il est donc bien naturel, l'ignorance aidant, que les légendes abondent chez un pareil peuple. A chaque acte de la vie se rattache un souvenir fabuleux, aussi en honneur aujourd'hui qu'aux premiers temps.

La configuration spéciale du Monténégro a donné naissance à une légende assez spirituelle que raconte la genèse du pays. Voici comment elle explique l'accumulation des montagnes :

« Dieu, dit la genèse, après avoir créé la terre, s'en allait emportant dans un grand sac les montagnes qu'il semait çà et là, au gré de sa volonté. Comme il passait sur le Monténégro, il voulut aussi lui faire son cadeau et c'était une fort jolie montagne qu'il lui destinait et qu'il s'apprêtait à lui jeter, quand, par malheur, le sac creva et montagnes, rochers, pierres, tombèrent pêle-mêle sur la pauvre Tsernagore où ils forment, depuis ce jour, un amas inextricable. »

Le vêtement possède aussi sa légende : chaque pièce du costume est expliquée par la tradition. Enregistrons seulement la légende de la kapa, la coiffure nationale, qui a la prétention de résumer le passé et l'avenir du pays.

La kapa, calotte de drap rouge, à bord droit et à fond plat, est recouverte extérieurement dans toute sa hauteur par une bande

de soie noire. Sur la partie supérieure,
comme nous l'avons dit plus haut, qui,
seule, reste rouge, se détachent en brode-
rie d'or, les initiales du prince Nicolas,
mais aussi un demi-cercle entouré d'une
auréole. La légende, la voici : le fond
rouge, c'est le lac de sang où fut plongé
le Monténégro lors de sa terrible défaite de
Kossovo, au quatorzième siècle ; la bordure
noire indique qu'un voile de deuil est
étendu sur le pays ; le disque d'or émer-
geant de ce crêpe funèbre et entouré d'une
auréole, c'est le soleil de la liberté se levant
à l'horizon.

Avant Kossovo, les Monténégrins por-
taient le fez, mais, depuis, en signe de
deuil, ils l'enveloppèrent à demi d'une
étoffe noire qu'ils jurèrent d'enlever seulement lorsque les Ottomans auraient été
chassés de la peninsule. Ils ont tenu parole
et continuent à porter une bande noire à

leur kapa ; tout porte à croire qu'ils la por-
teront encore longtemps.

***

Passons maintenant aux légendes proprement dites.

La plupart des Monténégrins croient à
l'existence de nymphes apppelées vîlas.
Elles sont les bons génies de l'homme, se
glissent partout, voient et connaissent tout.
Elles habitent, de préférence, les crêtes élevées des montagnes, mais néanmoins, on
les trouve également auprès du foyer.

L'origine des vîlas remonte aux premiers
temps. Elle a été rapportée par M. Lenor-
mand, qui s'est livré sur la mythologie slave
à des études spéciales :

« Adam avait eu, de sa féconde union
avec notre mère Ève, trente fils et trente

filles. Dieu lui demandant un jour le nombre de ses enfants, le brave Adam se trouva honteux, comme pourrait l'être en pareil cas un campagnard serbe ou tsernogortse, d'avoir à énumérer tant de filles, les filles ne portant point les armes et ne pouvant point faire peur à l'ennemi. Dans son embarras, il eut la sottise de vouloir en cacher trois, comme s'il était possible de cacher quelque chose à l'œil céleste qui voit tout. Dieu, pour le punir de sa faute, prit les trois filles, les trois plus belles et en fit des vilas. Dès ce moment, elles errèrent dans l'espace, et comme elles vécurent honnêtement, elles ne furent point condamnées à périr dans le déluge.

Prévenues, ainsi que le sage Noé, du cataclysme universel, elles entrèrent avec l'air dans l'arche et y restèrent jusqu'à ce que la colombe y apportât la branche d'olivier. De région en région, elles ont volé jusque dans les domaines de l'antique Serbie, et c'est là surtout qu'elles se plaisent. Elles ont naturellement la faculté de parler toutes les langues, mais c'est la langue slave qu'elles préfèrent. Comme les Slaves, elles sont devenues chrétiennes, et souvent elles entrent invisibles dans les églises ; elles protègent ceux qui combattent vaillamment sous l'étendard du Christ et se montrent toujours hostiles aux Musulmans. »

La fiction ajoute que les vilas affectionnent particulièrement le séjour du mont Lovchen, à la cime couverte de neige et où l'orage mugit perpétuellement. C'est là que les vîlas se réunissent et dansent en cercle.

Il arrive aussi que la vîla, s'exilant de la terre, sans oublier son rôle protecteur, se construit une demeure sur une montagne de nuages. « Là, elle élève trois portes: la première d'or, la seconde de perles, la troisième depourpre. A la porte d'or, elle marie son fils ; à la porte de perles, elle marie sa fille ; à celle de pourpre, elle se tient assise et regarde au-dessous d'elle comment l'éclair joue avec la foudre. »

La mythologie slave a conservé le nom de quelques vîlas auxquelles on attribue des fonctions spéciales dans le monde surnaturel.

L'une, la plus puissante et la plus fréquemment invoquée, préside aux destins de la guerre, c'est Raviola.

A côté de ces vîlas ou bons génies, les Monténégrins possèdent aussi une série de mauvais génies, les lutins, le vampires, les feux follets, l'écho qui habite les cavernes, etc., etc. Ils président aux crimes, aux maléfices ; c'est à eux qu'on attribue tous les malheurs.

*
* *

Nous aurions encore beaucoup d'autres croyances superstitieuses à rapporter, mais ces croyances étant communes à toutes les populations arriérées et ne possédant pas, comme la légende des vilas, un caractère distinctif et particulier au Monténégro, nous ne ferons que les enregistrer succinctement. Les habitants de la Montagne Noire croient, par exemple, au pouvoir des sorciers, à l'apparition des morts, aux possessions démoniaques. Ils ont foi dans les talismans, amulettes ou scapulaires.

D'après MM. Frilley et Wlahovitch, auteurs d'un intéressant ouvrage sur le Monténégro, le Tsernogortse qui, le soir de Noël, garnit sa porte de rameaux de lierre, qui, la nuit de la Saint-Jean, se baigne dans la rosée ou qui se frotte la poitrine avec de l'huile vierge, se croit, pour toute l'année, à l'abri des sorcelleries.

Sauter à travers les feux que les bergers allument la veille de la Saint-Jean, préserve de la foudre et garantit de l'influence néfaste des esprits malins.

Sonner les cloches éloigne la tempête et met en fuite les sorciers cachés dans les nuages.

Le serpent est de bon augure. Il veille auprès des trésors cachés. On doit respecter sa présence dans la maison.

Le beurre obtenu avec le lait tiré le jour des morts est un baume pour toutes les plaies.

Les pièces de monnaies hongroises, à l'effigie de sainte Anne, guérissent l'épilepsie.

Un morceau de charbon qui a passé une année sous une pierre, s'il en est retiré le jour de la Saint-Laurent, délivre de la fièvre tierce, de même que l'application contre le front de la main droite d'un cadavre.

Sont réputés présages de mauvais augure : les craquements du bois dans le foyer, trois chandelles brûlant à la fois, la naissance des agneaux noirs, la présence de sept ou de treize convives à table, la croix formée par deux baguettes ou par la cuillère et la fourchette, un mélange fait de la main gauche, l'huile ou le sel répandus, le cri du hibou, le fait d'entrer du pied gauche dans une maison, etc.

Les Monténégrins attribuent à quelques saints un pouvoir particulier sur les éléments : saint Elie dirige le tonnerre, saint Pantaléon commande aux ouragans, saint Nicolas veille sur les mers et enfin, la Vierge possède la royauté du feu.

Ne manquons pas, en terminant, de constater que quelques-unes de ces superstitions tendent à s'effacer, surtout parmi ceux qui ont l'occasion d'entreprendre un voyage hors du Monténégro, mais ce qui retardera, malheureusement, de beaucoup, la disparition complète de toutes ces pratiques ridicules, c'est la volonté bien arrêtée de quelques grandes familles qui redoutent de voir la puissance leur échapper le jour où le peuple deviendra moins naïf et plus éclairé.

Il n'est pas, d'ailleurs, besoin d'aller jusqu'au Monténégro pour trouver, chez certains individus, ce même état d'esprit et cette même crainte.

CHAPITRE X

Je quittai Cettigné au fort de l'été. En
prévision de la chaleur, je dus partir à
quatre heures du matin, afin d'arriver à
Cattaro avant les ardeurs méridiennes d'un
soleil incandescent. On peut partir également à son coucher, mais on risque, en ce

cas, pour peu qu'on soit retardé, de se trouver encore dans la montagne à la nuit close, ce qui manque absolument de gaîté.

Au sortir de Cettigné, je laisse à ma droite, dans la plaine, les hameaux de Baïtz et de Doni-Kraï, puis je m'engage dans la route que j'ai déjà suivie en venant de Cattaro, et décrite précédemment. Je n'y reviendrai pas.

Un seul incident marqua mon retour. Arrivé entre Niegous et Cattaro, je côtoyais le précipice dont j'ai parlé plus haut, quand j'entendis au-dessus de moi un bruit insolite. Je levai la tête, et j'aperçus sur une crête élevée plusieurs individus occupés à détacher par la mine et la pioche des quartiers de rocher qu'ils précipitaient dans le gouffre. C'étaient des ouvriers qui préparaient un nouveau tronçon de la route carrossable de Cettigné à Cattaro. Ils travaillaient tranquillement, sans se préoccuper des passants, habitués qu'ils étaient à n'en apercevoir que par hasard.

Je réfléchis à la conduite à tenir. Les ouvriers étaient trop haut perchés pour que je pusse songer à les prévenir de ma présence et les prier de cesser un moment leurs travaux ; ma voix ne fût pas parvenue jusqu'à eux. Je devins perplexe. Rétrograder et attendre ? Il n'y fallait pas songer : mon cheval, dans le sentier étroit où nous étions engagés, n'aurait pas eu la place nécessaire pour tourner sur lui-même. Attendre en place n'était point possible. Avancer était périlleux, les rochers projetés devant moi tombant à force. C'est à ce dernier parti, cependant, que je m'arrêtai. J'excitai de mon mieux mon cheval, de façon à lui faire franchir le chemin le plus rapidement possible, tout en le maintenant attentivement du côté opposé au précipice.

Ma bête se comporta, heureusement, à

merveille et je pus arriver sans encombre au delà de cette passe d'autant plus difficile que, par instants, la muraille de rocher empiétait sur le sentier déjà si étroit, et encombré, de plus, par le sable et les détritus de la démolition.

Quelques moments après, j'aperçus, juché sur une sorte de promontoire surplombant l'abîme, un homme vêtu à l'européenne que je reconnus pour l'ingénieur autrichien chargé de diriger les travaux. Abrité sous un vaste chapeau de paille, il fumait paisiblement une cigarette. Je l'avais connu à Cettigné ; nous échangeâmes une poignée de main. Il m'invita à me reposer à côté de lui. Je refusai avec empressement : l'endroit sur lequel il se trouvait avait déjà grand'peine à le supporter tout seul ; je ne me souciais pas de partager un pareil siège.

*
* *

J'arrivai à Cattaro vers onze heures. Je descendis à l'*Albergo della città di Gratz*, qui, avec celui où j'avais logé avant de partir pour Cettigné, se dispute l'honneur de recevoir les nombreux officiers autrichiens et les rares étrangers.

Le bateau du Lloyd, qui se rendait à Cattaro, arriva le lendemain soir à neuf heures ; il repartit à quatre heures du matin. De peur de me trouver en retard pour le départ, je m'embarquai le soir même et passai la nuit à bord. Je ne me souciais pas, en effet, de prolonger de quatre jours — c'est-à-dire jusqu'au prochain navire — mon séjour à Cattaro.

Je dormais encore quand nous sortîmes des Bouches. Je ne me réveillai que lorsque nous fûmes en pleine mer. Je passai alors l'inspection des passagers. C'étaient d'abord un vice-consul de France en Orient et sa femme, un Turc et ses deux femmes, voilées hermétiquement, plus une troupe d'artistes italiens venant de Trieste et se rendant à Corfou où ils comptaient donner une série de représentations.

Le consul et sa femme furent tous deux si malades que je n'eus guère, durant tout le parcours, l'occasion de causer avec eux. Par contre, les artistes italiens m'assommèrent de leur bavardage. La femme du directeur — une jeune napolitaine fort aimable — qui ne parlait correctement que le patois de son pays, persistait à me raconter une foule d'histoires, curieuses sans doute, mais auxquelles je ne comprenais pas un traître mot.

A midi, l'on arriva à Budua, petit port dalmate insignifiant. Quelques heures plus tard nous étions à Antivari. Nous venions de quitter la Dalmatie. Nous nous trouvions maintenant vis-à-vis de la côte monténégrine.

*
*   *

Antivari, concédé récemment au Monténégro, doit son nom à sa situation : il se trouve précisément en face de Bari, ville de la côte italienne. De là Antivari ou anti Bari, à l'opposé de Bari.

Antivari est considéré comme un port, bien qu'il soit situé à cinq kilomètres de l'Adriatique.

La ville, dénuée de toute importance, se compose d'une citadelle, sur laquelle le lion ailé de Saint-Marc alla jadis poser sa griffe dont les traces subsistent encore, et de quelques pauvres habitations dont la plupart ont été saccagées ou incendiées lors de la dernière guerre.

A Antivari, nous apercevons les premiers minarets, mais ils sont ébréchés par les boulets ; les briques et les pierres sont amoncelées dans les rues aujourd'hui désertes. L'herbe croît en tous lieux ; de ci de là, quelques fleurs grimpantes, aux nuances gaies et vives, contrastent singulièrement avec le décor qui les entoure. Un sommeil de mort plane sur toute la ville.

*
* *

Nous voici maintenant à Dulcigno, dont le nom rappelle des souvenirs récents. Cette malheureuse bourgade faillit, en effet, devenir la cause d'une conflagration européenne.

On se rappelle que la Turquie s'étant refusé à livrer Dulcigno au prince Nicolas, ainsi qu'elle en avait fait la promesse for-melle, les puissances — agissant en cela fort à la légère — envoyèrent dans les eaux de la ville une flotte internationale chargée d'intimider le Sultan. C'était là une expédi-tion assez insolite ; mais, heureusement — et contre toute attente — les choses se passèrent d'une façon satisfaisante. Dulci-gno fut cédé et les navires purent rentrer chez eux sans coup férir.

Dulcigno, l'Olcinium des Anciens, est situé à 20 kilomètres au sud-est d'Antivari. A six kilomètres au Nord se trouvent les for-midables positions de Masura dont il a été beaucoup question lors de la démonstration navale ; elles protègent Dulcigno.

La ville, dans une situation merveilleuse, au centre d'une contrée fertile, jouit du plus doux des climats. Sa principale source de richesse est la récolte des olives. Un grand bois d'oliviers séculaires, long de quatre ou cinq kilomètres, sépare Dulcigno de Valle di Noce, bourgade située sur un petit golfe servant de mouillage aux bateaux du pays.

Derrière la ville, deux routes conduisent, l'une à Scutari d'Albanie, l'autre à Antivari ; la première, traversant des bas-fonds, est continuellement inondée : la seconde franchit une série de hauteurs parmi lesquelles se trouve Masura Planina.

Jadis, Dulcigno était un nid de pirates. Depuis 1815, c'est-à-dire depuis la naissance de la flotte autrichienne, le brigandage fit de mauvaises affaires, mais néanmoins, ne s'éteignit pas complètement. Les Dulcignotes, terreur du littoral italien, opéraient de fréquentes incursions sur les côtés de la Sicile et de la terre d'Otrante, pillant les villas des riches seigneurs et emmenant tous les individus qu'ils rencontraient, soit pour les vendre comme esclaves sur les marchés turcs, soit pour leur faire payer rançon.

Dulcigno se divise en deux parties distinctes, la vieille ville et la nouvelle.

La vieille ville, dominée par un fort, ne contient pas plus de 80 maisons, dont 50 au plus sont habitables.

La ville neuve compte trois ou quatre cents habitations, et sa population se décomposait ainsi, avant les derniers événements : musulmans 2000, orthodoxes 500, catholiques 200, plus une centaine de bohémiens sans nationalité déterminée. Mais ces chiffres — s'ils ont jamais été très exacts — se sont, en tous cas, considérablement modifiés. Les musulmans ont émigré pour la plupart.

*
* *

Après le démembrement de l'empire Romain, Dulcigno tomba et resta jusqu'au

onzième siècle sous le joug de Constantinople. Les Serbes s'en emparèrent en 1180
et le conservèrent jusqu'en 1408. La ville
devint alors la propriété des Vénitiens qui
s'y maintinrent jusqu'en 1571, époque à laquelle les Ottomans, sous la conduite d'Achmet pacha, parvinrent à le reconquérir.
Dulcigno resta turc jusqu'à ce que, en janvier 1878, les Monténégrins, commandés par
Macho Verbitsa, aujourd'hui ministre de
l'Intérieur, l'emportassent d'assaut. Ils
crurent au paradis terrestre, en pénétrant
dans cet eldorado. C'est l'œil enflammé de
convoitise qu'ils se ruèrent sur la ville.
« Hâtons-nous, mes frères, s'écriait Verbitsa; que nos amis qui viennent derrière
nous ne trouvent plus rien à faire ». Et l'on
se précipita sur le bazar que défendaient un
bataillon de nizans et 1200 bachibouzoucks.
Ils furent culbutés, écharpés. Le bazar fut
incendié. Jetées dans la forteresse, les

troupes turques tentèrent de se défendre. On les engagea à mettre bas les armes. Elles capitulèrent et on leur permit de s'embarquer sur un navire turc ancré au large. Verbitsa captura 2000 fusils, quatre canons, trois drapeaux et quantité de munitions. La ville envoya des délégués au prince, offrant sa soumission. Le congrès de Berlin, par contre, restitua la ville aux Turcs. C'est la mort dans l'âme et se promettant d'y revenir que les Monténégrins évacuèrent la ville. Leur rêve s'est réalisé.

*
* *

En quittant Dulcigno, nous ne tardons pas à arriver devant l'embouchure de la Boïana. Cette rivière doit son importance au débouché qu'elle offre, sur la mer, au lac de Scutari.

Nous sommes maintenant en face de l'Albanie. La côte a changé d'aspect. Ce ne sont plus ces îles innombrables, ces promontoires et ces golfes sans fin que nous rencontrions le long de la Dalmatie; c'est une côte régulière bordée de hautes montagnes, sombres, à la mine peu engageante.

L'Albanie se divise en deux parties : la Haute Albanie — Illyrie Romaine — et la Basse Albanie — l'Epire des Grecs et des Romains.

La population paraît être de deux millions d'habitants parmi lesquels 1,300,000 mahométans, 500,000 orthodoxes et 200,000 catholiques. Le plus grand nombre de ces derniers habitent le villayet de Scutari.

L'Albanie, pays complexe à tous égards, présente une organisation intérieure spéciale. Elle dépend, il est vrai, de la Porte, mais, d'une façon si peu effective, qu'on peut la considérer comme indépendante. Elle se divise en sandjaks, qui se subdivisent eux-mêmes en cercles ou districts, puis en clans. La population du clan varie entre 1000 et 1500 habitants dirigés par un chef civil et militaire.

Les administrateurs des sandjaks et des districts sont nommés par le Divan. Seul, le district catholique des Mirdites jouit du privilège d'être gouverné par un chef pris dans une famille du pays, héréditairement chargée de cette situation. C'est là une immunité à laquelle les Mirdites — il en faut peu pour les contenter — attachent une réelle importance et qui leur a été récemment confirmée par le Sultan.

En somme, la Porte, pour gouverner, est tenue vis-à-vis de chaque tribu à des concessions en rapport avec les usages locaux. C'est à ce prix seulement qu'elle parvient à exercer sur l'Albanie un semblant de direction.

Les tribus albanaises, quoique juxtaposées, ne se confondent jamais. Elles se repoussent même comme des courants d'électricité contraire et avec toute la violence que peuvent enfanter des besoins et des aspirations différentes.

L'Albanais tient, avant tout, à son indépendance, non seulement à celle de son pays, mais à celle de son clan et de sa personne. Il enveloppe dans une haine égale les gouvernements turc et monténégrin ; tous deux, à ses yeux, sont des ennemis. Son but est de se débarrasser de l'un et de l'autre et de conquérir l'autonomie de son pays.

Et, de fait, l'Albanais y a droit. Il n'est pas moins intéressant que le Grec, le Roumain ou le Serbe et tout aussi digne que ceux-ci de vivre libre sous le gouvernement de son choix, ou sans gouvernement, si bon lui semble. Il forme une race à part. Il n'est pas plus Slave qu'Ottoman ; il est Albanais.

C'est l'Arnaute de l'antiquité ; il eut Pyrrhus pour ancêtre et a conservé, dans sa personne, une allure d'un autre âge.

Sa race s'est maintenue pure de toute alliance ; aussi ses traits sont-ils caractéristiques. Les Albanais se distinguent généralement par une haute stature, des membres minces, élégants, un visage étroit, maigre et fortement basané, un nez fin aux ailes mobiles, les pommettes saillantes et les os maxillaires proéminents.

L'œil petit, extrêmement noir et animé, possède une expression farouche indicible : on dirait le scintillement de l'acier. Les cheveux sont noirs et rudes, mais l'Albanais les rase sur la partie antérieure du crâne ; il en conserve seulement une touffe qu'il laisse flotter sur la nuque. Il coupe également ment sa barbe et ne fait grâce qu'aux moustaches généralement très minces.

Le costume ordinaire se compose d'un

veston rouge serré à la taille et d'une cu-
lotte en drap blanchâtre très épais ; mais la
plupart des Albanais continuent à porter la
fustanelle, sorte de jupe blanche, bouffante
et plissée, descendant jusqu'au genou. La
coiffure est le fez.

La condition de la femme albanaise est
très précaire, moins peut-être qu'en Turquie,
car l'Albanais entoure sa femme d'un respect peu appréciable pour un Européen,
mais, considérable, si on le rapproche du
mépris brutal que le Turc affecte à l'égard
de sa compagne.

L'Albanaise se distingue par la régularité
de ses traits. Les femmes de Dulcigno jouis-
sent, particulièrement, d'une véritable réputation de beauté.

*
* *

Au quinzième siècle, les Albanais étaient chrétiens. Sous le commandement de Scander-Bey, ils résistèrent héroïquement à l'invasion des Turcs, mais ceux-ci peu à peu finirent par imposer le mahométanisme au plus grand nombre.

C'est principalement l'Albanie septentrionale qui a conservé intactes, avec la vieille organisation féodale et aristocratique des clans, les mœurs austères de l'ancien temps. Dans le sud du pays, dans l'ancienne Épire, qui a toujours été en contact avec les Grecs, l'organisation sociale s'est modifiée et il s'est produit un certain relâchement dans la forte constitution des tribus. Les Albanais septentrionaux sont demeurés à demi barbares : ce n'est pas sans péril qu'un étranger peut s'aventurer dans leur tribus, s'il n'est pas connu du chef ou s'il ne lui a pas été recommandé.

Au nord, la culture est nulle : on ne récolte guère que le maïs. Le sol est stérile, il est vrai, mais l'habitant ne s'occupe aucunement de le rendre productif.

Au sud, en Epire, le sol diffère complètement; les oliviers abondent, ainsi que les fruits, la vigne, le tabac, les bois de construction, etc. On élève même des vers à soie.

*
* *

La côte, après la Boïana, devient extrêmement égale. On aperçoit un seul petit promontoire, la pointe de San Giovanni di Medua. Le navire du Lloyd y fait halte, car il existe une route unissant Scutari à San Giovanni. Quand on arrive par le sud, c'est le plus court chemin pour gagner Scütari, mais comme la rade de San Giovanni jouit d'une réputation détestable et méritée, le steamer ne s'y arrête que lorsque le temps est absolument beau. Aussi, les voyageurs sont-ils souvent obligés, pour se rendre à Scutari, de remonter jusqu'à Cattaro et de passer par Cettigné et Rieka. Les moyens de communication, on le voit, ne pullulent pas dans ces parages.

Après San Giovanni, nous apercevous l'embouchure du Drin. C'est sur les rives de ce fleuve qu'habite la tribu des Mirdites.

Le navire continue sa marche et nous ne tardons pas à toucher à Durrazzo.

*
* *

La ville est bâtie sur un cap, à l'extrémité duquel se trouve un château du moyen âge, réparé par les Turcs;

Durazzo, l'ancienne Dyracchium, est la colonie romaine par laquelle on se rendait d'Italie en Grèce, en partant de Brindes.

C'est à Dyrrachium que s'exila Cicéron chassé de Rome par la loi Claudia. Dans les environs eurent lieu les célèbres luttes entre César et Pompée, luttes qu'immortalisa Lucain.

La ville, entourée d'une enceinte byzantine en briques, se compose tout juste d'une rue. On y compte au plus 1,500 habitants.

De sa splendeur d'antan, Durazzo conserve peu de traces. A peine quelques tronçons de colonne et des débris de marbre, encastrés dans les murailles, restes modestes, mais devant lesquels on s'arrête néanmoins avec intérêt, car on aime les ruines. C'est un enseignement. Elles se dressent pour rappeler la vie des peuples passés. C'est une émulation. Elles témoignent de la len-

teur des peuples à marcher vers le progrès ;
elles marquent la distance parcourue et celle
qu'il reste à parcourir.

*
* *

Mais, nous ne nous arrêterons pas davan-
tage à Durazzo, non plus qu'aux autres
villes du littoral albanais qui, toutes, ne présent qu'un intérêt restreint et toujours ré-
trospectif.

Voici Valona ou Avlona, l'*Aulon* des
grecs. Ce sont à peine quelques maisons
éparses sur un sol marécageux et insalubre,
au pied des monts Acrocérauniens.

Le lendemain, à quatre heures du matin,
nous arrivions à Santi-Quaranti, la dernière
escale avant Corfou. Le navire s'arrête
devant un fort en ruines assez curieux.

La ville n'aurait pas de raison d'exister, si elle n'était le point de départ pour Janina. C'est en effet à Santi-Quaranti qu'on débarque pour se rendre dans la capitale de l'Épire.

CHAPITRE XI

Nous entrons dans le canal d'Otrante et trois heures après, nous apercevons Corfou.

Les bateliers qui viennent chercher les passagers pour les mener à bord fourmillent autour du navire : c'est à qui harponnera un client.

Une dizaine d'individus escaladent le

bord et glissent dans la main des passagers
la carte d'un hôtel ou d'un restaurant. Celui
qui s'adresse à moi me remet précisément
l'adresse de l'hôtel qui m'avait été recommandé. Je consentis donc immédiatement à
le suivre : il lança, alors, un regard victorieux
à ses collègues, persuadé qu'il devait uniquement son succès au bagou greco-italien
dont il m'avait assommé avec une éton-
nante volubilité.

Me voilà à terre. Mes bagages hissés sur
un chariot, je gagne l'hôtel de la *Bella Venezia*, pédestrement, car les rares voitures
de Corfou ne se dérangent point à l'arrivée
des steamers. — arrivée trop irrégulière
d'abord, — et qui, de plus ne procure des
voyageurs que par hasard.

Précédé de mon conducteur, je parcours
une infinité de ruelles dans lesquelles
grouille une foule compacte. Mon étonnement est grand : j'étais déshabitué de tout

mouvement. C'est la première fois, depuis
mon départ de Venise — et il y a bien longtemps — que je me retrouve dans une ville
sérieusement habitée.

*
* *

Corfou, le jardin de l'Orient, ainsi qu'on
l'appelle souvent, était bien de nature à
émerveiller le malheureux qui venait de sé-
journer dans la Montagne Noire. Ce passage
subit de la contrée la plus aride à la contrée
la plus fertile devait fatalement produire des
sensations indicibles.

Ce fut, pendant mes premières prome-
nades à travers l'île, un éblouissement perpétuel des yeux, qui, lassés de ne pouvoir
se reposer jamais sur un décor banal, finis-
saient par perdre de leur sensibilité et ne
percevaient plus que confusément.

Là, les tons chauds et harmonieux d'une campagne merveilleusement fertile et qui se présente sous une multitude d'aspects également chatoyants. Ici, la mer confondant avec un ciel limpide ses flots éclatants dans un même horizon d'azur.

Partout, les orangers, les citronniers, les figuiers, la vigne, les mûriers, les oliviers s'élevant au grand air, librement, sans le secours de l'homme, dont la tâche, au contraire, consiste à arrêter les progrès d'une végétation trop envahissante.

Les routes superbement entretenues qui traversent l'île en tous sens, sont bordées perpétuellement d'arbres au feuillage touffu, ployant sous les fruits, ou de gais arbustes parés de mille fleurs dont l'œil et l'odorat se réjouissent également.

*
* *

L'île de Corfou, qui mesure soixante-cinq lieues de tour, est après Céphalonie la plus étendue des îles Ioniennes. Elle est située à l'entrée du canal d'Otrante. Sa forme est à peu près triangulaire. Sauf la capitale, elle ne renferme que des villages. Les côtes, très élevées, ne présentent point d'autre port que Corfou. Le point culminant est le mont Pantocrator ou San Salvador, s'élevant à mille mètres au-dessus du niveau de la mer.

Les cours d'eau sont rares ; aussi, durant l'été, la sécheresse est-elle excessive. Si ce n'était cet inconvénient, la production de l'île, déjà considérable, serait certainement doublée ou triplée.

Les oliviers, qui constituent la principale richesse du sol, produisent en moyenne

125,000 barils d'huile par an. Ce rendement excessif s'explique aisément. Il y a quelques siècles, en effet, la république de Venise promettait douze sequins d'or à qui justifierait avoir planté cent arbres nouveaux. Cette prime excita le zèle des Corfiotes qui multiplièrent les plantations, tant et si bien qu'aujourd'hui les cultivateurs gagneraient certainement en production, s'ils abattaient le tiers de leur arbres, plantés sans symétrie, trop rapprochés les uns des autres, que l'on ne taille jamais, dont la terre n'est jamais bêchée. L'huile de Corfou, douce, limpide, passe pour une des meilleures de l'Orient; et cela en dépit de pressoirs très défectueux.

Le climat de l'île est extrêmement tempéré ; de mémoire d'homme, le thermomètre n'est jamais descendu au-dessous de O. Peu de pluie. La neige est inconnue, et n'était le vent du sud qui souffle par instants, mais exceptionnellement, l'île n'au-

rait rien à envier sous le rapport du climat
aux régions les mieux dotées.

*
* *

Dans les temps fabuleux, dans l'antiquité,
comme dans les temps modernes, Corfou n'a
cessé de jouer un rôle prépondérant.

Qui ne se souvient des belles pages d'Homère et de Virgile, sur le naufrage d'Ulysse,
sur sa réception par Alcinoüs, roi des Phéaciens et sa fille Nausicaa. Pheacia, c'est
Corfou qui, avant de prendre la dénomination
actuelle porta encore, pendant des siècles, le
nom de Corcyre.

Dans l'antiquité, les démêlés de Corinthe
avec Corcyre sont célèbres ; ce sont eux qui
firent éclater la guerre du Péloponèse.

En 317, Corcyre fut prise par Agathocle,
tyran de Syracuse et vers 280 par Pyrrhus,

roi d'Epire. Depuis, elle passa tour à tour aux mains des Turcs, des Napolitains, des Anglais et enfin des Grecs.

Les incursions des Turcs furent particulièrement terribles. En 1537, l'île est attaquée par Soliman et son lieutenant Barberousse ; en 1716. Achmet III débarque à Corfou, mais le comte Jean Mathias de Schulembourg, à la tête des Corfiotes, parvient à le chasser, après vingt jours de batailles successives.

Les Français s'emparèrent de Corfou en 1797. Deux ans après, les Turcs et les Russes la reprirent et formèrent une république placée sous le protectorat ottoman. En 1807, la paix de Tilsitt rendit l'île à la France qui la garda jusqu'en 1815. A cette époque, elle fut placée sous le protectorat de l'Angleterre ainsi que les autres îles Ioniennes qui formèrent une république dite des Sept-îles. Sir Thomas Maitland fut chargé du gouvernement avec le titre de lord haut commissaire. Enfin, en 1864, les sept îles furent définitivement annexées à la Grèce.

Elles sont échelonnées le long des côtes de l'Épire, de l'Acarnanie et du Péloponèse.

La première, au nord, est Corfou, puis viennent Paxo (ancienne Ericusa), Sainte-Maure (Leucade), Theaki (Ithaque), célèbre dans l'histoire d'Ulysse, Céphalonie (Cephallenie), Zante (Zacynthe) et, enfin, très au sud, Cerigo, la Cythère de l'antiquité qui fut consacrée à Vénus. Suivant une des nombreuses traditions, c'est près de Cythère que Vénus naquit de l'écume de l'onde et se montra pour la première fois aux Grecs. Rien aujourd'hui, dans la Cerigo moderne, ne vient rappeler ce nom de Cythère qui évoque l'idée d'une île enchanteresse. C'est un rocher aride, désolé, à peine habité et qui sert, accidentellement, de refuge à des marins ou à des pêcheurs.

*
* *

La ville de Corfou, intéressante à beaucoup d'égards, est située sur le canal dit
canal de Corfou, qui sépare l'île de la côte
épirote. La population s'élève à 30,000 habitants ; celle de l'île à 85,000

La ville est défendue par un fort et une
citadelle. Les rues sont étroites et mal
entretenues.

Les hôtels principaux sont luxueusement
installés ; ils reçoivent quantité de riches
familles grecques du continent qui viennent passer à Corfou la mauvaise saison.
Aussi, les tables d'hôtes sont-elles ser-
vies somptueusement et les convives du sexe
faible — généralement fort belles — y dé-
ploient un luxe de toilettes qu'on s'atten-
drait à ne rencontrer que dans une capitale
de premier ordre.

*
* *

Corfou offre peu de monuments au visiteur. Sur l'Esplanade, se dresse une belle construction, le palais où habitait jadis le Lord haut commissaire. Devant ce palais, une statue a été élevée à sir Frédéric Adams.

On aperçoit encore, sur la *Spianata*, un temple circulaire dédié à sir Thomas Maitland, un obélisque en l'honneur de sir Howard-Douglas et enfin, devant la citadelle, la statue du maréchal de Schulembourg qui défit les Turcs, en 1716.

Le théâtre, situé au centre de la ville, ne présente rien d'intéressant, si ce n'est qu'il se trouve adossé à un monument triomphal élevé par les Vénitiens à la mémoire de Morosini, après la conquête de Corfou.

La cathédrale s'appelle Saint-Spiridion.

Elle doit son nom à un certain évêque de Chypre, membre du concile de Nicée, dont les Corfiotes ont fait leur patron — du moins à ce qu'on leur assure. Au point de vue architectural, le clocher, assez élégant, mérite tout au plus de fixer l'attention.

Saint-Spiridion — église — passe pour renfermer la dépouille de saint Spiridion — évêque. Je n'y vois pas d'inconvénient.

L'antiquité a laissé peu de traces. On remarque seulement quelques ruines d'un temple de Neptune et le tombeau d'un certain Ménécrate, sur lequel se lit une inscription antérieure, assure-t-on, à la guerre du Péloponèse (?)

Le Bois de Boulogne des Corfiotes s'appelle *Il canone*. Il constitue la promenade élégante de la ville. Il est situé à quelques kilomètres de Corfou. C'est une fort belle avenue aboutissant à la mer, en face d'un îlot qui porte le nom d'Ulysse. Pour s'y rendre, on traverse un faubourg populeux de Corfou, Kastradis.

Cette promenade fut créée sous la domination anglaise, ainsi, d'ailleurs, que toutes les routes qui sillonnent l'île.

Les Corfiotes ne sont pas sans regretter quelque peu le protectorat du gouvernement anglais qui prodiguait sur l'île l'or et l'argent. Quand il s'agit de céder les îles à la Grèce, le ministre Gladstone se rendit à Corfou. Il fit interroger et interrogea lui-même la population, afin de connaître son avis sur l'annexion projetée. La majorité des Corfiotes, sous la pression des popes, se prononça catégoriquement pour la cession à la Grèce, mais, depuis, ils se sont repentis de leur précipitation, surtout quand il a fallu satisfaire à la loi militaire et payer l'impôt, obligations auxquelles les Corfiotes n'étaient point soumis.

*
* *

Un autre but de promenade intéressant,
c'est l'ascension du Mont Pantocrator, du
sommet duquel l'œil plane sur l'île entière
et plonge jusqu'en Épire.

CHAPITRE XII

Les navires pour Brindisi partant peu fré-
quemmemt, je dus demeurer une semaine
à Corfou.

Le trajet exige une douzaine d'heures.

Je m'embarquai à 5 heures du soir sur

l'*Oreto*, steamer de la compagnie Florio.

Le navire n'eut pas plutôt levé l'ancre que le maître d'hôtel se mit en devoir de dresser le couvert — et cela sur le pont — à la grande satisfaction des passagers.

Le temps était resplendissant, la mer calme et transparente. Le soleil, à son déclin, illuminait l'horizon de feux diaprés.

La gaîté régnait à bord. Personne ne souffrait du mal de mer; chacun suivait avec intérêt les préparatifs du repas auquel on réservait un appétit qu'avait aiguisé l'air pur de la pleine mer.

Aussi, quand sonna la cloche du dîner, la satisfaction se peignit sur les visages. Le maître d'hôtel, qui n'avait qu'un repas à fournir aux passagers, puisqu'on arrivait à destination le lendemain matin, s'était piqué d'honneur dans la composition du menu, de façon à laisser aux estomacs des voyageurs un souvenir excellent de la cuisine des bâtiments de la compagnie Florio et particulièrement de celle de l'*Oreto*.

Le repas fut animé. Il fut long aussi. Le capitaine, un gros homme dont le ventre proéminent dénotait le soin particulier qu'il avait coutume d'en prendre, ne pouvait se décider à quitter la table ; afin de ne pas y rester seul, il s'ingéniait à trouver des attractions nouvelles pour y maintenir les passagers, qui, du reste, ne se faisaient point trop prier.

Dans l'entrain général, et après force libations, nombres d'assiettes et de bouteilles glissèrent à la mer ; mais, du moins, elles ne disparurent jamais sans avoir été dûment dégarnies et vidées. On ne poussa jamais la maladresse jusqu'à en laisser disparaître de pleines ; les auteurs de ces petits accidents ne manquaient pas de les attribuer régulièrement aux seules secousses du navire, secousses portant bien insensibles, car le calme était complet — en mer.

La côte corfiote avait disparu depuis longtemps ; l'œil ne se reposait plus que sur les
flots, le ciel et les reliefs du festin. Un incident fit heureusement quitter la table, qu'on
n'eût peut-être sans cela, abandonnée qu'à
l'arrivée : un passager signala un banc de
requins.

On se dressa et l'on vit, en effet, derrière
le navire, attachés à son sillon, quantité
d'énormes poissons révélant leur présence
par des bonds démesurés au-dessus de l'eau.
« C'étaient, disait-on, des marsouins ! »
D'autres — la majorité — affirmaient que c'é-
taient des requins. On discuta et l'on ne se
mit pas d'accord. Marsouins ou requins, les
animaux abandonnèrent le navire et disparurent.

La discussion se porta alors sur les mouet-
tes qui poursuivaient l'*Oreto*, sur leurs ins-
tincts, leur plumage : les vapeurs d'un certain vin de Sicile aidant, chacun tenait à

discuter sur quelque chose. Mais il ne tarda pas à se produire chez le plus grand nombre une sorte d'affaissement consécutif à la surexcitation première ; la discussion diminua d'intensité ; les voix s'affaiblirent progressivement ; finalement on se tut et l'on regagna sa cabine et sa couchette.

Les plus solides seuls, ou les plus sobres, restèrent sur le pont. La nuit nous surprit, fumant, causant. L'aube devait nous surprendre à son tour, car il régnait dans les cabines une chaleur atroce qui en rendait le séjour impossible.

* *
*

Vers quatre heures, on signala la terre. Le soleil apparaissait faiblement, étendant autour de nous ses rayons pâles et indécis qu'irisait le brouillard matinal.

Les yeux se portèrent en avant, mais l'on n'aperçut rien, si ce n'est une ligne ardoisée, difficilement perceptible. Cette ligne c'était la Pouille, dont le sol également et monotonement plat ne pouvait se révéler à nous différemment.

On découvrit un phare, puis quelques maisons, mais la côte demeura la même, veuve de tout accident de terrain, d'arbres même. Elle se confondait si parfaitement avec la mer qu'on distinguait avec peine où finissait l'une, où commençait l'autre.

L'*Oreto* franchit plusieurs bassins au milieu desquels se dressaient nombre de transatlantiques, arrivant ou prêts à partir, et, finalement, vint atterrir au quai.

Une foule hétérogène attendait les passagers, qui, pour offrir un hôtel, qui, pour porter les bagages à la douane ou à la gare, qui, pour demander l'aumône.

La vie, à Brindisi, se concentre aux abords

du quai, car la ville n'existe que pour et par son port, situé exceptionnellement au point de vue des communications entre l'Orient et l'Occident. Sauf celles qui mènent à la gare, les rues sont mornes et désertes.

Le nom de Brindisi ou Brindes est lié dans l'antiquité à celui de Rome. C'est à Brindisi que mourut Virgile en l'an 19 avant Jésus-Christ, à son retour de Grèce ; on montre encore une modeste habitation que les naïfs considèrent comme celle où l'auteur de l'Enéide rendit le dernier soupir.

Brindes fut habité par Sylla, par Cicéron, par Pompée qui y soutint l'an 49 avant J.-C. un siège contre César ; par Horace enfin qui raconte longuement dans une satire son voyage de Rome à Brindes par la voie Appienne. C'est à Brindes, en effet, que se terminait cette route : un tronçon de colonne désigne encore l'emplacement précis.

Nous touchons au terme de notre voyage.
Nous allons, grâce au chemin de fer, parcourir rapidement la côte italienne et, lorsque
nous arriverons près de Venise, notre point
de départ, nous prendrons congé du lecteur,
le remerciant de nous avoir accompagné
jusqu'ici, ce qui nous a permis de refaire à
deux, c'est-à-dire plus agréablement, un
voyage que nous avions fait tout seul.

Le versant oriental est, sans contredit,
de toute l'Italie, la partie qui offre au visiteur le moins d'intérêt. Les villes sont rares,
et, à part Ravenne, elles présentent peu d'at-

tractions susceptibles de retenir l'étranger et de satisfaire sa curiosité.

De Brindisi à Ravenne, la voie ferrée est établie tout auprès de la mer, de sorte que l'œil plonge constamment sur l'Adriatique.

À droite, nous assistons à la moisson dans ces plaines interminables de la Pouille: hommes, femmes, enfants, aux costumes bigarrés, la faucille à la main, tous travaillent avec ardeur en dépit d'un soleil de feu.

La première ville qu'on rencontre, est Bari, le Barium des Latins. Nous l'apercevons enveloppée d'un véritable nuage de poussière blanchâtre que nous allons retrouver d'ailleurs sur plusieurs autres villes. Pas de monument.

C'est la patrie de Piccini, le mucisien, célèbre surtout par sa rivalité avec Glück : le théâtre de Bari porte le nom de Piccini.

Voici Bisceglia, connue comme beaucoup

de localités d'Apulie par ses huiles et ses vins, puis Barletta, petite ville jadis importante, au nord de laquelle on rencontre, sur les bords de l'Ofanto, Cannes, un bourg dont la victoire d'Annibal sur les Romains perpétuera le souvenir.

Le train franchit l'Ofanto, et, se dirigeant vers Foggia, abandonne pour un temps la côte, laissant à sa droite la petite presqu'île de Manfrodonia.

Ici, nous trouvons les Apennins. Ils bordent l'Adriatique et vont nous accompagner jusqu'au nord de l'Italie : le chemin de fer passe entre eux et la côte. Au sud, ils quittent complètement le littoral pour se diriger vers la Calabre : c'est ce qui explique l'égalité de niveau du sol de la Pouille.

En quittant Foggia, ville neuve et nulle, le train regagne la côte à Termoli.

A Pescara, nous nous trouvons à peu près

à la latitude de Rome ; un embranchement se rend vers le centre, à Aquila.

**

Voici Ancône, port renommé, ville populeuse, bâtie en amphithéâtre, aux rues étroites, montueuses et malpropres. Les curiosités consistent en un arc de triomphe dédié à Trajan, en excellent état de conservation et aussi en une cathédrale intéressante, Saint-Cyriaque.

Après Ancône, Sinigaglia, qui vit naître un pape Pie IX, et qui n'en est pas plus fière pour cela, Pesaro qui vit naître un grand musicien, Rossini et qui s'en est honoré en lui élevant un monument. Cattolica, d'où l'on peut apercevoir, à l'ouest, perchée sur un pic élevé, la roche du Mont

Titan, la dernière des républiques italiennes, la république de Saint-Marin.

Au sud de Saint-Marin, dans l'intérieur des terres, s'élève la ville du divin Sanzio, Urbino. Raphaël y naquit en 1483. Sa maison existe encore.

Nous sommes maintenant à Rimini dont le nom évoque la poétique légende immortalisée par le Dante. Qui ne s'est apitoyé sur les infortunes de la pauvre Francesca de Rimini et sur sa mort tragique?

On montre aux étrangers la demeure de Francesca et de sa famille.

On montre aussi — mais nous en garantirions moins l'authenticité, — au centre de la grande place, une sorte de piédestal sur lequel, d'après la tradition, César harangua ses troupes après le passage du Rubicon.

On se demande vraiment qui, de César passant le Rubicon ou de celui qui eut l'idée d'attribuer à la pierre en question une semblable origine, a effectué le plus réel tour de force. M'est avis que ce n'est point César.

* *

Nous aussi, nous venons de franchir le Rubicon, plus aisément, ma foi, que César et nous voici à Ravenne.

La ville communique avec la mer par deux canaux.

Le voyageur se dirige rapidement vers le tombeau du Dante, monument élégant, carré, surmonté d'une coupole. Il fut érigé en 1482 par Piétro Lombardi. Les restes du poète sont contenus dans une urne de marbre blanc.

Une maison de Ravenne attire l'attention. Elle eut pour hôte lord Byron. L'inscription suivante, placée sur la façade, rappelle le fait :

IL X GUIGNO MDCCCXIX

COME APPENA GUINSE IN RAVENNA

ENTRAVA QUESTA CASA

ALLORA GRANDE ALBERGO

ET QUI OTTO MESI ABITAVA

GIORGIO BYRON

POETA INGLESE

LIETTO DELLA VICINANZA AL SEPOLCRO DI

DANTE

IMPAZIENTE

DI VISITARE L'ANTICA SELVA

CHE INSPIRO QUEL DIVINO

ET GIOVANNI BOCCACIO.

Ce qui signifie.

Le 10 juin 1819, à peine arrivé à Ravenne, entrait dans cette maison, alors grande auberge et y habitait huit mois, Georges

*Byron, poète anglais, heureux du voisi-
nage du tombeau du Dante, impatient de
visiter l'antique forêt qui inspira ce poète
ainsi que Jean Boccace.*

« L'antique forêt » qui inspira Byron et
Boccace, c'est la *Pineta*, la vaste et célèbre
forêt de sapins qui s'étend à partir de Ravenne sur une superficie de plusieurs lieues,
le long de la route de Rimini. Elle fut chan-
tée par le Dante, par Boccace, par Dryden.
Byron aussi devait se laisser subjuger par
ses charmes et lui consacrer quelques-unes
de ses plus belles pages.

*
* *

A Ravenne, le chemin de fer quitte la
côte. Il se dirige à l'ouest sur Bologne et,
de là, au nord, vers Padoue et Venise, laissant à droite la petite ville d'Adria qui,

jadis, donna son nom à l'Adriatique. Ce fut une cité étrusque, vaste et puissante ; aujourd'hui c'est un village.

L'Adriatique en baignait autrefois les murs, mais, après lui avoir pris son nom, l'ingrate l'a abandonnée ; actuellement, elle en est éloignée de plus de vingt kilomètres. Adria, dont le nom subsistera toujours, grâce à l'Adriatique, disparaîtra, inconnue, sans laisser de trace, sans que la postérité puisse lui accorder un regard, un souvenir, sans avoir rencontré un Montesquieu qui consente à célébrer sa grandeur et à pleurer sa décadence.

FIN

TABLE DES CHAPITRES

CHAPITRE PREMIER

CHAPITRE II

CHAPITRE III

ÉMILE COLIN. — IMPRIMERIE DE LAGNY

www.ingramcontent.com/pod-product-compliance
Ingram Content Group UK Ltd.
Pitfield, Milton Keynes, MK11 3LW, UK
UKHW021850070726
13613UKWH00001B/87